未名社科·媒介与社会丛书（翻译版）

主编　高丙中　杨伯溆

The Silent Language

无声的语言

〔美〕爱德华·霍尔（Edward T. Hall）著　何道宽 译

著作权合同登记号:图字 01-2008-5592 号
图书在版编目(CIP)数据

无声的语言/(美)霍尔著;何道宽译. —北京:北京大学出版社,2010.11
(未名社科·媒介与社会丛书)
ISBN 978-7-301-17879-9

Ⅰ.①无… Ⅱ.①霍… ②何… Ⅲ.①文化人类学 Ⅳ.①C912.4

中国版本图书馆 CIP 数据核字(2010)第 192795 号

The Silent Language
Copyright © 1959, 1981 by Edward T. Hall
This translation published by arrangement with Doubleday, a part of The Doubleday Publishing Group, a division of Random House, Inc.

书　　　名:	无声的语言 WUSHENG DE YUYAN
著作责任者:	〔美〕爱德华·霍尔　著　何道宽　译
责 任 编 辑:	周丽锦
标 准 书 号:	ISBN 978-7-301-17879-9
出 版 发 行:	北京大学出版社
地　　　址:	北京市海淀区成府路 205 号　100871
网　　　址:	http://www.pup.cn
新 浪 微 博:	@北京大学出版社　@未名社科-北大图书
微信公众号:	北京大学出版社　北大出版社社科图书
电 子 邮 箱:	编辑部 ss@pup.cn　总编室 zpup@pup.cn
电　　　话:	邮购部 010-62752015　发行部 010-62750672 编辑部 010-62765016
印 刷 者:	大厂回族自治县彩虹印刷有限公司
经 销 者:	新华书店
	965 毫米×1300 毫米　16 开本　12 印张　157 千字 2010 年 11 月第 1 版　2024 年 2 月第 8 次印刷
定　　　价:	48.00 元

未经许可,不得以任何方式复制或抄袭本书之部分或全部内容。
版权所有,侵权必究
举报电话:010-62752024　电子邮箱:fd@pup.cn

中译者序

一、一代宗师

经过20世纪初的酝酿、两次世界大战期间的发酵,第二次世界大战以后,传播学在美国加速发展。

20世纪以后,人类学摆脱了博物学、殖民主义和社会达尔文主义的羁绊,在经历了文化相对论和功能主义的"科学"发展之后,成为传播学的基石之一。

爱德华·霍尔(Edward T. Hall,1914—2009)横跨人类学、心理学、传播学,成为跨文化传播(交际)学的奠基人。不过,他紧守的重镇始终是人类学。

霍尔创建了宏大的理论体系,提出深刻的忠告,这与他的学术履历和职业生涯密不可分。他是理论实践并重、书斋田野兼顾、学者顾问合一的多学科的横向人才和怪杰。几十年里,他从事教学、科研、心理分析和技术咨询,成为闻名遐迩的人类学家、文化学家、心理分析专家、政府和企业界的高级顾问。他的足迹遍布世界,他对原始民族和现代民族、东西文化都有实地考察和深刻的体验。

20世纪30年代的大萧条使他走出书斋,深入到美国西南部几个印第安人部落去做田野调查,去推行政府的援助项目,以缓和民族矛盾。他深入研究新墨西哥州的西裔美国人、拉丁美洲人、纳瓦霍人、霍皮人、特鲁克人、地中海西部的阿拉伯人和伊朗人。

20世纪40年代战争期间,他应召服役,并到西南太平洋地区去研究土著民族。50年代,他又应召到美国国务院下属的外交讲习所培训援外人员。

霍尔在哥伦比亚大学受业于拉尔夫·林顿(Ralph Linton)门下。此后的几十年间,他先后在丹佛大学、科罗拉多大学、佛蒙特大学、哈佛商学院、伊利诺理工大学、西北大学等大学执教,传授人类学和心理学,曾在华盛顿精神病学校进行研究,逐渐走出了不同于多数人类学家和精神病学家的路子,开辟了一个全新的领域,提出崭新的文化理论。他挖掘文化的生物学根基,解剖了文化的十大讯息系统,以此绘制了类似化学元素周期表的文化教学示意图;借鉴并超越了精神分析和人类学的分层理论,按照知觉程度创建了显形、隐形和技术性的文化三分法;借鉴语言学的音位、词汇和句法三分法,用元素、集合和模式的概念来描绘文化的内部结构。

霍尔一生敏于创新,勤于笔耕,著述甚丰。

1957年,他以《无声的语言》精心研究"超乎知觉"的非语言文化,包括"时间语言"和"空间语言",开辟了跨文化研究的全新领域。1966年,他以《隐藏的一维》(The Hidden Dimension)深入研究人的领地欲和空间行为。1976年,他以《超越文化》(Beyond Culture)锻造挣脱文化枷锁的几把钥匙,提出延伸论、延伸迁移论、一致论、语境论、情景论、行为链、认同论、一元时间与多元时间、高语境与低语境等崭新的概念。1974年,他的《空间关系学手册》(Handbook for Proxemic

Research)展开论述他在以上三部书中提出的空间关系学。1983年,他的《生活之舞蹈》(*The Dance of Life：The Other Dimension of Time*)进一步研究空间行为,讲人体节律和同步运动。90年代以后,他将一生积累的理论和实践用于跨文化的国别研究,推出《隐蔽的差异:如何与德国人打交道》(*Hidden Differences：How to Communicate with the Germans*)、《隐蔽的差异:如何与日本人做生意》(*Hidden Differences：Doing Business with the Japanese*)、《理解文化差异:德国人、法国人和美国人》(*Understanding Cultural Differences：Germans, French and Americans*)。此外,他于1992年和1994年分别出版了总结一生研究心得的《日常生活里的人类学:霍尔自传》(*An Anthropology of Everyday Life：An Autobiography*)和《三十年代的美国西部》(*West of the Thirties*)。

二、几十年的踟蹰和坎坷

1983年,我在母校四川外语学院组建"比较文化研究室",引进跨文化交际(intercultural communication),写了两篇文章。一篇题名《介绍一门新兴学科——跨文化的交际》(《外国语文》1983年第2期),一篇题名《比较文化之我见》(《读书》1983年第8期)。稍后,我省掉"跨文化的交际"中的"的"字,将其命名为"跨文化交际"。一般地说,我的同人多半称之为"跨文化交际研究",少有自吹"跨文化交际学"。为什么？大概是因为底气不足吧。在《介绍》一文里,我指认这门学科的三大基石,写下这样一段话:"人类学、社会学和交际学是'跨文化的交际'的三大基石。'跨文化的交际'是人类学、社会学和交际学的交叉学科和应用学科。"众所周知,中间学科不容易成熟,应用学科不容易被人看重。

与此同时,新闻传播界引进这门学科,将其定名为跨文化传播。于是,西方这门学科在中国进入两个不同的领域,被赋予两个不同的名字。一个领域是语言学、外语教学和翻译界,一个领域是新闻传播学和大众媒体。

这两个领域都遭遇了一二十年的坎坷。外语界采用的"跨文化交际研究"酝酿十余年才成立了全国统一的"中国跨文化交际研究会"(1995)。传播学的"正名"也是在90年代末，而"跨文化传播"又是传播学的一个短板。这两个领域的研究都不太顺利。

爱德华·霍尔被誉为跨文化传播学之父，奇怪的是，他似乎与美国主流的传播学经验学派毫不搭界，对舆论、宣传、媒体功能、传播效果、受众分析那一套不感兴趣；主流学派对他的延伸论、延伸迁移论、层次分析、系统分析、时间语言、空间语言、行为链、同步性、高语境、低语境、文化教学那一套也不领情。他的研究路径和传播学主流学派的路径似乎是两条平行流动、永不交汇的河流。

霍尔从来不自封为"跨文化传播学之父"，他始终在人类学系任教，从未涉足传播学系或英文系，没有直接参与构建后继者发展的"跨文化传播研究"或"跨文化交际研究"(intercultural communication studies)。

霍尔研究不同文化间个人层次上的交流，感兴趣的是"日常生活里的人类学"。1966年的《超越文化》的索引里，固然有communication一词，却不见intercultural communication，只有intercultural encounters和intercultural experience。1957年《无声的语言》第四章题名"Culture is communication"，可见communication重要，但却不承载传播学里常见的"编码——发送——解码"的意义，更不涉及"5W"那样的传播模式。而且，在《无声的语言》的索引里，intercultural communication根本就不见踪影；数十年间，他的众多著述里都少见intercultural communication。由此可见，"跨文化传播（交际）"这一学科的名字是后继者热衷的用语，他本人用得不多。

跨文化传播（交际）这门应用学科究竟有多大意义？在引进这门学科的《介绍》一文里，我非常看重其重大意义和发展前景，在文章的结尾写下了一大段话："我们的军事家，若能学一点比较文化，则如虎添翼,定能更好地知己知彼、运筹帷幄、决胜于千里之外。我们的外交家,若有比较文化的修养,定能更好地纵横捭阖、广交朋友,为我国建设'四化'创造一个最良好的国际环境。我们的外贸干部,如果不了解自己的文化和外国的文化,怎么能做好生意,扩大外贸?我们的一切涉外人员,如果不学习比较文化,怎么能广交朋友、发展同各国人民的友谊?我们的一切直接和间接与兄弟民族打交道的同志,如果不学比较文化,怎么能促进全国各族人民的大团结?"

二十年过去了,这门学科在中国大陆一分为二,走上了两条不搭界的平行道路。一条是外语界的"跨文化交际",一条是新闻传播界的"跨文化传播"。1999 年,我以中国跨文化交际研究会副会长和东道主的身份,承办"中国跨文化交际研究会第三届国际讨论会",有意识地邀请这两支学术队伍,做一些嫁接的工作,可惜效果不彰。

虽然这门学科对和谐世界的构建至关重要,表面上也很热闹,可是如何衡量它在政界、外交界、企业界、学界、军界和普通人中产生的影响,仍难达成共识。

1980 年留美期间,我读到《无声的语言》(1957)、《隐藏的一维》(1966)和《超越文化》(1976),有意将可读性比较强的《无声的语言》和《超越文化》译介到国内。1987 年,机会来了,我应邀为北京某出版社翻译《无声的语言》。紧接着的 1988 年,我又应邀为重庆出版社翻译《超越文化》。

《超越文化》顺利出版,连同《文化树》和《文艺复兴盛期》构成重庆出版社的"外国文化研究丛书"。我接受丛书编辑朱子文先生的建议,用三种不同的方式署名,《文化树》署名何道宽译,《超越文化》署笔名韩海深译,《文艺复兴盛期》署名洪洞仁校。在 1988 年 10 月写就的《超越文化》后记里,我写了这样一句话:"我们翻译的《无声的语言》已由××书店出版,有兴趣的读者可以一读。"那时,该出版社编辑来信称,《无声的语言》即将发排,所以我满以为这本书会立即问世,谁知他们竟然爽约。

二十年后，承蒙北京大学出版社厚爱，这两本难产和半难产的书终于可以由我署名堂堂正正地奉献给读者了，不亦快哉！

三、旬月踟蹰

这次重译《无声的语言》和《超越文化》遭遇到的最大困难，是在几个关键词的翻译和修订上。兹分述如次。

首先是 communication。作者的背景是语言学、人类学、心理学、大学教授、政府和企业顾问，他写这两本书的宗旨是构建文化学的基础、促进文化间的交流，对新闻传播界的舆论、宣传、媒体影响、受众角色那些东西不感兴趣。所以，将其译为"传播"很不恰当。译为"交际"似乎贴切，但"交际"语言学色彩太浓，又不适合这两本书的宗旨和调子。"通信"的译名可以考虑，而且，20年前我就把他的一个重要命题翻译为"文化即是通信"（Culture is communication），因为作者借用通信工程师的"讯息"概念和化学元素周期表的图示，以十大基本讯息系统（primary message systems）为纵横两轴，绘制了详尽无遗的"文化教学示意图"（《无声的语言》附录二）。但纵观学科分野，"讯息"的自然科学色彩太浓，似乎不太适合霍尔的社会科学背景。经过几个月的踟蹰，我决定舍弃"传播"，以交流、交际、通信的排序给 communication 选择三个译名。

根据文化的知觉程度，霍尔扬弃"意识—无意识"的两层次分析法，提出三层次分析法，创制了三个术语：formal, informal, technical，用以描绘三种知觉程度的文化。经过几个月的推敲，经历了三个阶段，最后选用显形、隐形和技术性来给这三个术语定名。其他两组被抛弃的译名是"形式的、非形式的和技术性的"以及"形式化的、非形式化的和技术性的"。至于这一选择是否能成为"盖棺之论"，那就有待学界的长期考验了。

霍尔的三层次分析法定名以后，其他学者分析文化层次的术语的翻译就相对容易了。人类学家拉尔夫·林顿的 overt-covert culture 译为显性—隐性文化；人类学家克劳德·克拉克洪的 implicit-explicit culture 译为隐含—明晰文化；心理学家哈里·沙利文的 in-awareness and out-of-awareness 译为"知觉"的层次和"超乎知觉"的层次。

四、各章提要

本书共十一章，外加导论和三个附录。

"导论"讲解作者已出的三本书的主题，道明作者的文化研究追求：绘制类似乐谱的"文化地图"。

第一章"时间的声音"是概论，介绍"美国人的时间"和"其他时间观念"，详细的论述留给第九章"时间的语言"。

在第二章"什么是文化？"中，霍尔痛感前人和同时代人文化研究的不足，提出文化研究的五个基本步骤。

第三章"文化的语汇"是本书的理论基础之一，有四个重点。(1) 一望而知的行为是文化的语汇；(2) 古人今人一线牵，人类与其他生物一线牵，文化之前有"前文化"(pre-culture) 和"基础文化"(infra-culture)，文化有生物学根基；(3) 文化系统必须具备三个条件；(4) 十大基本讯息系统。

第四章"文化的三个层次"是本书理论基础的重中之重，三个层次是显形文化、隐形文化和技术性文化。以这种层次分析为基础，分别论述学习、意识、情感和文化变革态度的三个层次。和二元分析相比，这种三元分析法显然是创新和突破，也是最难以把握的思想，这三个术语的翻译令译者吃尽苦头。

第五章"文化即是交流"是一种新研究路径，至少有两种创新：(1) 清楚区分显形、隐形和技术性的文化三层次；(2) 文化可以解析为集合、元素和模式。

第六章"无所不在的集合"讲文化的语汇,其特点是一望而知,数量无限。

第七章"难以捉摸的元素"讲文化元素的特点:它是构成集合的抽象成分;一旦仔细分析,元素也可以转化为集合,这种集合—元素—集合的转化非常重要,构成了"文化的测不准原理"。

第八章"文化的组织模式"首先讲模式的三种类型,即显形模式、隐形模式和技术性模式,接着讲模式的三种定律,即有序律(laws of order)、选择律(laws of selection)与和谐律(laws of congruence)。

第九章"时间的语言:美国口音"似乎一目了然,但未必如此。霍尔见常人之未见,提出两个重点:(1)美国显形时间的"自然"属性:有序性(ordering)、周期性(cyclicity)、综合性(synthesity)、价值性(valuation)、实在性(tangibility)、延续性(duration)和深度(depth);(2)美国隐形时间的四个元素:紧迫性(urgency)、一元时间性(monochronism)、活动性(activity)和多样性(variety)。

第十章"空间的语言"首先讲强烈的领地欲。接着分四节论述空间语言。第一节"不同的文化如何利用空间"中有两个非常生动的例子。第二节"文化接触里的空间因素"举例说明美国人、英国人、法国人和拉美人空间使用的差异。第三节"显形的空间模式"介绍城市和乡间的定向和定位以及计量空间的标准。第四节"空间如何传递信息"以亲身经历细说交谈时的人体距离,数据翔实。

第十一章"挣脱枷锁"有四个重点:(1)坚信"文化即是交流"的研究路径产生的重大影响;(2)文化就是监狱,但我们握有打开这一囚笼的钥匙;(3)文化就是人,文化是人与人的纽带,人与人互动的媒介;(4)文化宛若音乐,文化图示好比乐谱,霍尔描绘了"文化教学示意图",而且坚信人类学家可以构建更加完善的乐谱和图示。

附录一"社会科学家的文化研究纲要"历数本书的八大贡献,即八个相互关联的理念。

附录二"文化教学示意图"见下文"文化的系统分析"。

附录三"文化变革三例"分别介绍文化在显形、隐形和技术性层次上的变革。

五、文化的层次分析

语言是一个由音位、语素和语法组成的三级系统。霍尔把语言分析的这三个概念移植到文化分析之中,把文化看成是一个由元素、集合与模式组成的层级系统。

霍尔在建立文化的层级系统时注意到,要在理论上站住脚,且富有实用意义,就必须参考其他学科的理论框架和研究方法,同时又要避免生搬硬套。他竭力使自己的研究方法达到以下五个目标:

1. 分离出文化元素。文化元素是文化的最小构造单位,就像是语言学里的音位。

2. 把文化元素嵌入人类活动的十大范畴去进行研究。这十大范畴是根据人的生物学特性划分的,因而是人类文化的共同现象和共同基础。同时,这十大范畴也构成了人类文化的十个子系统。有了这样一个共同的系统框架,一切民族文化就有了明确、具体、客观和形式化的可比基础。

3. 在广泛搜集各民族文化特征的基础上,提炼出分析文化的方法论体系,然后又反过来用这个方法论体系去从事文化对比和教学,使这一方法论体系建立在科学、客观并能不断重复进行的基础之上,以避免研究者的主观随意性和感情色彩。

4. 提炼出统一的文化理论,用以指导文化研究。

5. 整个文化理论和方法简明适用,使一般读者受益。

把文化看成是一个由文化元素、集合与模式构成的层级系统,这是霍尔的一大贡献。

这个层级系统是根据文化的内部结构建立起来的。为了使自己的文化理论和文化系统更为适用，霍尔又从另一个角度去分析文化。他按照人们对文化的知觉程度把文化分解为三个层次：显形文化、隐形文化和技术性文化。

　　人们自觉程度较高的文化是显形文化，自觉程度很低的文化是隐形文化，自觉程度最高的文化是技术性文化。

　　霍尔之前，人类学家借鉴精神分析理论，提出文化的两层次说。拉尔夫·林顿区分显性的文化和隐性的文化，克莱德·克拉克洪区分明晰的文化与隐含的文化。心理学家哈里·沙利文区分"知觉"层次的文化和"超乎知觉"层次的文化。霍尔的文化三分法，显然是前进了一步。

　　显形文化是广为人知、理所当然的文化。它与人们的日常生活紧密相关，是人人必须遵守的文化。这种文化有很大的传统势力。成人用训诫的方式向儿童传授这种文化，其学习过程有一个固定的程式：儿童犯错误——成人的训诫——儿童纠正错误。学习的答案总是二元对立的，要么对，要么错，不允许模棱两可。

　　显形文化具有强烈的感情色彩。它是人们的一种感情支柱。抽掉了这根支柱，就仿佛是抽掉了人们赖以生存的基础。宗教信仰和民族的传统就属于这种文化。

　　隐形文化是知觉程度很低的、不假思索的文化，用心去想反会弄巧成拙。打字员打字时的指法、驾驶员刹车时的紧急制动、人们平时讲话时的不假思索等就属于这类文化。

　　隐形文化不带或少带感情色彩。由于人们意识不到隐形文化的民族差异，所以在跨文化的交际中，往往会出现障碍。虽然隐形文化本身并不带感情色彩，可是它的基本格局被打破以后，人们也会感到焦虑，感到不舒服。

　　隐形文化的学习方式与其他两种文化迥然不同。模仿是学习隐形文化的重要途径。这种学习有两个特点:(1)人们并不知道自己在学习;(2)人们意识不到隐形文化是有规律的。

技术性文化多半是在学校里通过正规的教育习得的。这是一种师传生受的单向学习。传授的过程可以解析为两个步骤:(1)系统的逻辑分析;(2)归纳出一个条理清晰的纲要。技术文化具有不妥协的特性,它压抑着人们的情感,总是与权威和法律相联系。

日常生活里共享的文化系统叫显形的系统;脑子里储存的共享系统叫隐形的系统;技术系统是外化的系统,即延伸的系统、体外承载的系统。

六、文化的系统分析

霍尔的另一个创举是把文化当作一个庞大的通信系统来研究。霍尔认为,文化这个通信系统可以分为十个子系统,即基本讯息系统。他从化学元素周期表中得到启发,把这十个基本讯息系统同时作为横轴和纵轴,排列成一个矩阵。横轴和纵轴相交就构成一百个基本的文化模式。霍尔认为,这个矩阵可以穷尽人类的一切文化模式,这是一个详尽无遗的文化教学示意图(见附录二)。

如何解读和使用这个示意图呢?

1. 如果从左上角向右下角引一条对角线,我们就会发现:凡是对角线之上的模式都与个体活动有关,凡是对角线之下的模式都与群体活动有关。

2. 我们沿对角线从上往下观察就会发现:靠近对角线顶部的活动属于显形的文化模式,中部的活动多属于隐形的文化模式,右下部的活动往往属于技术性的文化模式。

3. 这个示意图是一种抽象的教学图解。其中的一百个文化模式是抽象的观念和抽象的文化类别;每一个模式都舍去了具体的文化内容,换句话说,就是舍去了具体的作为实体的社会行为。

4. 这些模式是抽象程度很高的模式。实际上,每一个模式都代表着人类活动的一个大的类别,每一个模式又可以细分为若干抽象程度较低的小类。这张图具有高度的直观性、简明性和实用性。我认为,这张图突出表现了霍尔文化分析五个终极目标里的两个目标:便利于教学;便利于一般读者。

七、创新与贡献

半个多世纪过去了,《无声的语言》开拓的跨文化研究学科之成果蔚为壮观,后继的学者逐渐完善学科体系,深耕细作,但在原创性方面,罕有能与霍尔匹敌者。他的思想全然不同于前人,也全然不同于后人。我在1988年《超越文化》的译者序中,归纳了他的十大贡献,不拟在此重复,读者可以参阅。在这里,我借用他自己的话重新归纳他最突出的贡献。

1. 创建崭新的文化分析方法及五个步骤:(1) 识别文化的积木块,即文化元素;(2) 在生物学基础上整合文化元素,使之能成为各种文化比较的基础;(3) 建立一套数据和方法论,给文化研究和教学提供有效而实用的基础;(4) 制定统一的文化理论,以便做更深一层的研究;(5) 找到一种办法,使一般人觉得人类学很实用。

2. 在许多重要的方面,本书提出的文化理论与以前的思想全然不同。区别主要是:(1) 借用语言模式;(2) 将文化视为交流系统;(3) 将基本讯息系统植根于生物学;(4) 将系统整合为显形、隐形和技术性三种类型;(5) 将文化构造解析为集合、元素和模式三个层次。

何道宽
于深圳大学传媒与文化发展研究中心
2010年5月20日

目 录

导　论　1
第一章　时间的声音　6
　　1.1　美国人的时间　10
　　1.2　其他时间观念　12
第二章　什么是文化？　20
第三章　文化的语汇　30
第四章　文化的三个层次　48
　　4.1　显形的学习　54
　　4.2　隐形的学习　55
　　4.3　技术性的学习　56
　　4.4　显形意识　57
　　4.5　隐形意识　58
　　4.6　技术性意识　58
　　4.7　显形情感　59
　　4.8　隐形情感　60
　　4.9　技术性情感　61

4.10　对变革的显形态度　62
　　　　4.11　对变革的隐形态度　65
　　　　4.12　对变革的技术性态度　67
　　　　4.13　变革过程　70
第五章　文化即是交流　75
第六章　无所不在的集合　81
第七章　难以捉摸的元素　87
第八章　文化的组织模式　92
　　　　8.1　模式的三种类型　96
　　　　8.2　模式有序律　101
　　　　8.3　模式选择律　103
　　　　8.4　模式和谐律　104
第九章　时间在说话：美国口音　108
　　　　9.1　显形时间系统：集合、元素和模式　110
　　　　9.2　隐形时间系统：集合、元素和模式　115
第十章　空间的语言　124
　　　　10.1　不同的文化如何利用空间　128
　　　　10.2　文化接触里的空间因素　133
　　　　10.3　显形的空间模式　135
　　　　10.4　空间如何传递信息　137
第十一章　挣脱枷锁　141

附录一　社会科学家的文化研究纲要　145
附录二　文化教学示意图　147
附录三　变革三例　154
参考文献　160
索引　163
译者后记　173

导论

《无声的语言》(*The Silent Language*)一书问世已逾三十寒暑。此间的许多事情验证了本书的基本原理。当年出版时,我埋头工作,并未充分认识到,时代多么亟须跨文化的洞见和观察啊!

实际上,本书所论并非从一种语言到另一种语言的翻译和解释,而是将一整套复杂的、非语言的语境化的传播转化为语词。书名不仅点明了本书的内容,而且概括了文化的重大悖论之一:人们不必借助语词就可以"交谈",我们尚未探索和考察一整套范围极其广阔的行为,因为我们将其视为理所当然。这个广阔的世界运转自如,处在我们的意识之外,和我们的语词并驾齐驱。我们欧洲血统的人生活在"语词世界"里,我们认为这是一个真实的世界。然而,语词交谈固然重要,但这并不意味着不用语词、只用行为的交流就不重要。诚然,语言以特别细腻的方式塑造思维,但毫无疑问,人类最终不得不认真研究语言之外的其他文化系统;它们对我们感知世界、感知自我的方式以及组织生活的方式都产生广泛的影响。我们要习惯面对这样的事实:语词层面的讯息传达的是一种意思,另一个层面传达的意思有时却截然不同。本书问世以来,三十年过去了,但三十年似乎还不足以使人完全明白这些意思;无疑,需要更长一段时间以后,我们才能意识到这一切隐含的命题。

语言和体姿关系密切,其密切程度远远超过语言和其他文化系统的关系,其他文化系统的例子有本书描绘的时间系统和空间系统。体姿和语词的意思可以互换,但时间和空间的意思却不能和语词互换。《隐蔽的一维》(*The Hidden Dimension*)和《生活之舞蹈》(*The Dance of Life*)这两本书讲的是空间。空间不仅在基本的意义上传达讯息,而且全然是生活方方面面的组合剂。空间是活动和机构的组合剂,这似乎比较容易看清楚;相比而言,识别语言如何安放心灵的"部件"就比较困难。最让人难以接受的事实是:我们的文化模式各具特色,并不是普世实用的。人难以摆脱和跳出自己文化的肌肤;克服这一困难的决心给我动力,促使我把观察的心得和构想的模式诉诸笔端。

写书的好处之一是,思想超越一时兴起的念头而得到传承,作者可以得到读者的反馈,不仅得到勉励的话,而且得到令人信服的例证。我们再次感谢世界各地来信的读者。本书被翻译成了汉语、荷兰语、波兰语、法语、意大利语和塞尔维亚—克罗地亚语。

多年来,我为政府和企业培训赴海外工作的美国人。我相信,我们在国外与人打交道的困难,多半是因为我们对跨文化交流知之甚少。由于这样的无知,在我们的援外计划中,多半的善意和苦心就付之东流了。派人出国之前,我们要细心遴选适合的人员。为了使之舒适自如,为了确保工作效率,出国人员应该接受培训,应该会用所在国的语言说话、阅读,应该透彻了解所在国的文化。这一切都需要时间和经费。除非我们乐意遴选和培训称职的人员,否则我们的海外计划就只能白白浪费时间和金钱。

在语言、历史、政治和风俗方面的正规培训仅仅是第一步。同样重要的是初步掌握所在国的非语言交流。尽管我们每天都使用"无声的语言",但大多数美国人只不过朦朦胧胧地感觉到了这样的非语言交流,他们没有意识到繁复细腻的行为模式。我们处理时间和空间的方式,我们对工作、游戏和学习的态度都是由这些行为模式规定的。除了有声语言之外,我们都在用行为语言传达自己的真情实感。

跨文化交流困难的症结所在,人们很难认清。不同国家的人遭遇困难、彼此不了解时,他们往往抱怨"那些外国佬",怪别人愚蠢、欺诈和疯狂。以下的例子足以为证。

尽管提供了大量优惠的援助,美国在希腊的一个使团还是面临重重困难,难以和希腊人达成一致意见。会谈遭遇到希腊人的抵制和怀疑,因此就无法签署协议。对这一令人恼怒的僵局进行分析之后发现,有两个始料未及的原因。首先,美国人以心直口快、坦率直言而感到自豪,而希腊人却将其视为弱点。希腊人觉得,心直口快缺乏机巧,令人遗憾。其次,美国人不明说的规则是:限定会议时间,遵守会议安排,首先在大原则上达成一致,然后委托下属起草协议的细节。然而希腊人认为,美国人这一套是蒙骗人的。他们的习惯是:在所有相关人员的面前拟定一切细节,需要多长时间都行,会议可以一个接一个,不受日程限制。这一误解导致一连串的商谈议而不决,双方互相抱怨。美国人的行为举止仿佛是在对希腊人说:"你们像乡巴佬,没涵养,而且用迂回曲折的安排和手腕来蒙骗我们。"

我们要理解他人如何释读我们的行为(不是我们的言辞,而是我们的行为),这一点至关重要。即使本书仅仅使这一观念牢牢扎根,其使命也已完成。但我还有一个更高的目标。我心中瞄准的读者是立志改善人类境遇、有意深入了解文化无意识(cultural unconscious)的人。凡是在国内外生活中遭遇困难、感到困惑、受到不明力量的驱使、觉得他人的行为难以理解的人,都能够在本书中找到一丝安慰。我希望向读者展示,在神秘、困惑、混乱的表象背后,生活肯定有井井有条的一面。这样的理解或许会引领他们重新审视周围人们的行为。我还希望,本书能激发读者研究文化的兴趣,促使读者顺应自己的直觉去进行观察。

在我从事文化研究的初期,同事乔治·特雷格(George L. Trager)的合作弥足珍贵。他专攻人类语言学,对语言研究做出了重大的贡献。我们推出以交流模式为基础的文化理论,这一理论成为本书的理论基础。

本书循序渐进,引领读者从已知走向未知。读者不妨设想,文化类似音乐,这有助于我们理解文化:(1)如果从未听过一首乐曲,描绘这首乐曲就不可能;(2)乐谱问世以前,人们只能靠模仿学音乐;(3)开始写乐谱后,人们才能够开发学习音乐方面的潜力。

这就是音乐为文化提供的服务功能,本书就是类似于音乐入门书的文化读物。

外国读者和美国亚文化背景的读者应该记住,本书的首要目的是向同行传达一个讯息,意在使之加深对文化无意识的理解。因为外人是蹩脚的代言人,很难真正掌握别人的文化,所以我们希望,西裔美国人、土著美国人和美国黑人终将完成类似的著作。我希望,世界各地都有人进行并鼓励无意识文化(微观文化)的研究,因为人类的未来在于维护无意识文化的多样性,并且将其转换为有利的条件。

我的谢忱一如既往地要给予我的妻子与合作者米尔德丽德·里德·霍尔(Mildred Reed Hall)。我欣赏、钟爱、钦佩她。在漫长的岁月里,她与我携手并进;我写的一切都有她实实在在的贡献。

我非常感谢人类学界和科学界的同事们,尤其要感谢已故的拉尔夫·林顿(Ralph Linton)[①],我在哥伦比亚大学受业于他的门下。他在广阔的领域里探索,提出许多洞见;在切磋的过程中,我们度过了许多

---

① 拉尔夫·林顿(1893—1953),美国人类学家,第二次世界大战前后美国人类学界的四大台柱之一,文化人格学派的主要代表,曾任威斯康星大学、哥伦比亚大学、耶鲁大学等校的教授,著有《人类研究》《文化树——世界文化简史》。——译者注(如无特殊说明,本书中页下注释均为译者注)

美好的时光。在学生时代,我觉得难以和教授们沟通,但向林顿教授请教时,这种沟壑就荡然无存了。他总是思路清晰、表达酣畅,喜欢真诚的思想交流。本书和林顿教授的著作大异其趣,但我觉得,他至少能同情并理解其中的一部分理念。在思想领域,他富有创新精神,摆脱了束缚许多知识分子的局限。他对人类学的贡献弥足珍贵。

多年来,给我鼓励和启发的还有三位同事:埃里克·弗洛姆(Erich Fromm)①、戴维·里斯曼(David Riesman)②和约翰·尤西姆(John Useem)③。我无缘深知鲁丝·本尼迪克特(Ruth Benedict)④,但她的两部极具创新精神的著作《文化模式》(Patterns of Culture)和《菊与刀》(The Chrysanthemum and the Sword)给我们提供了思想典范。

我对其他文化的许多观察心得直接来自于大量的田野调查,我深入研究新墨西哥州的西裔美国人、拉丁美洲人、纳瓦霍人、霍皮人、特鲁克人、地中海西部的阿拉伯人和伊朗人。毋庸赘言,人类学家总是要深深感谢与他们一道工作过的人,因为他们从资料提供人那里学到的文化知识使他们的著作更有意义。

克拉克森·波特(Clarkson N. Potter)首先敦促我写这本书,给我必要的鼓励和理解,使本书能顺利完成。感谢理查德·温斯洛(Richard K. Winslow)和柯米特·兰斯纳(Kermit Lansner)宝贵的编务支持。

---

① 埃里克·弗洛姆(1900—1980),德裔美籍心理学家、法兰克福学派成员、精神分析社会学奠基人之一,著有《爱之艺术》《生存的艺术》《健全的社会》等。
② 戴维·里斯曼(1909—2002),美国社会学家,代表作有《孤独的人群》《人群中的面孔:个人气质与政治研究》《富裕为谁?》等。
③ 约翰·尤西姆(1910—2000),美国人类学家、社会学家,著有《留学西方的印度知识分子》。
④ 鲁丝·本尼迪克特(1887—1948),美国人类学家,美国20世纪上半叶最著名的女性人类学家之一,代表作有《文化模式》和《菊与刀》。

第一章
时间的声音

时间会说话,而且说得比言辞更加明白。由于它不大受人有意的操控,所以它不像有声语言那样受到扭曲。在语词撒谎的地方,它能高声宣示真相。

我曾经在一座大城市市政府的人际关系委员会任职。我的任务是评估各市政部门的非歧视性政策的实施情况。第一步是走访各部部长,其中两人是少数族身份。如果你相信这些官员的话,他们似乎都非常乐意实施劳工平等方案。然而我觉得,尽管他们信誓旦旦,但真有可能实施变革的部门却只有一家。何以见得?答案存在于他们所用的无声的时空语言。

我精心安排每一次访谈,请各部部长花一个多小时介绍他们的想法。然而结果却是:预约被忘记;在接待室苦等(15—45分钟)成了家常便饭;访谈常常被压缩到10分钟、15分钟;会晤时常常刻意维持一段冷冰冰的距离。只有一次,一位部长从写字台后走出来与我交谈。其余官员都高高在上,坚守盛气凌人的地位,不愿挪动半步,字面意义上盛气凌人,象征意义上也盛气凌人。

这次访谈经历的含义一目了然,公共舆论调查者多半会很注意这样的含义。人们的所作所为常常比开头的宣示更加重要。在这次调查中,市政大人们使用时间的方式雄辩地说明,他们心中所想、他们的时间系统的结构和意义不难辨认,他们所花时间的长短也说明问题。迟到有多种形式:"咕哝借口"的迟到,略表歉意的迟到,怠慢人、需要道歉的迟到,粗鲁无理的迟到,全然侮辱人的迟到。心理分析医生早就知道这一层次交流的含义,他们可以清楚指认病人显示"抗拒"和"移情"的使用时间的方式。

比如,在某些语境下,一日之内的不同时辰承载着重大的意义。时间可以表示交往场合的重要性,也可以表示交往的层次。在美国,如果你一早就给人打电话,那个信号就是,事情极端重要、极其紧迫,因为那时他可能还在修面,她可能正在吃饭。晚间 11 点以后的电话是同样的信号,表明事情很紧迫。如果晚间在梦中被电话惊醒,那可能就是发生了生死攸关的大事;如果年轻人深夜打电话把别人惊醒,那就是很无理的玩笑。我们平常就能感觉到时间的语言,反映在诸如此类的日常用语中:"What time does the clock *say*?"

诸如此类的事情被视为理所当然。美国社会人类学家约翰·尤西姆给我讲述了南太平洋地区的一个例子,使我深受启发。一个小岛上的土著人与白人监工关系紧张,后者不明白,雇用当地人时要符合他们传统的地位体系。白人监工对当地的情况不了解,一群人雇得太多,另一群人雇得太少,这就打破了当地人的权力平衡。这个错误使全岛的土著激动不安。既然美国白人始终没有察觉,不肯按照当地的习惯雇人,两派人的首领就在一天晚上会晤商讨重新分配工作的可行方案。最终达成决议后,他们一道去见工厂经理,想把他叫醒,告诉他已经作出的决定。不幸的是,那时正值凌晨两点多钟。他们根本不知道,在这时唤醒美国人意味着万分紧急的事情。不出所料,那个美国经理既不懂当地的语言,也不懂当地的文化,更不明白喧哗的意思,而是以为发生了暴乱。于是,他急忙请来海军陆战队。他根本就没有想到,不同的时辰对当地人的意义和他完全不一样。

另一方面,美国经理们很清楚,在上午或下午开会就意味着让人们离开工作岗位。每当有重要的事情要宣布时,他们总会问:"什么时间告诉他们呢?"在社交场合,如果一位不太熟识的男士最后一刻才邀请一位姑娘赴约,她一定会觉得有伤体面。如果只提前三四天请人吃饭,那是必须要道歉的。这和中东人的习惯别若天壤;他们认为,提前很久安排约会毫无意义,因为依据他们的时间系统的隐形结构,一个星期以后的事情都被纳入了"未来",容易从脑子里溜走。

在美国,事先通知通常指"预备时间"(lead time)。在注重日程表的文化里,这一说法耐人寻味。所谓预备时间是通过非正式的途径把握的,虽然我们不能用技术性的字眼来表述其规则,但我们大多数人熟悉它如何在文化里起作用。至于预备时间在其他文化里的规则,我们却罕有人分析。一些在海外生活过一段时间的人凭经验有一点感觉,仅此而已。然而,试想,在事情发生之前,需要多少时间让他人做好准备,让人家有时间去准备——这样的知识何等重要。有时,预备时间似乎很长。另一些时候,比如在中东,一旦超过一个星期,预备时间就显得太久了。

使用时间的不同方式可能会很麻烦,从下述例子中可见一斑。一位美国农学家受命到一个拉丁美洲国家出任公使。等待了一段时间以后,他觉得时机已到,应该让对方知道,他有意拜访主管农业的官员。对方提出种种原因说明,他建议的时间不合适。各种暗示表明,拜访农业部长的时机还不成熟。然而,我们这位朋友坚持会面,强使对方安排会见,对方当然是勉强答应了。他比约定的时间提前一点儿赴约(这是美国人表示尊重的时间模式),静候。时间到了,又过去了

5分钟、10分钟、15分钟……这时,他向秘书暗示,也许那位部长并不知道他在接待室等候吧!于是,他觉得已经采取了具体的措施,心中升腾的焦躁有所平息。又过了20分钟、25分钟、30分钟、45分钟(这是无礼的怠慢)!

他跳起身,告诉秘书他在坐冷板凳,"空等"了45分钟,对这种待遇非常"痛恨、腻烦"。秘书将客人的话向部长报告。部长竟说:"让他再歇歇脚吧。"于是,这位美国公使在那个国家过得很不愉快。

误解的主要根源在于,在那个国家里,5分钟的等待不要紧,45分钟也不算等待的极限,而只是等待的开端。你等了60秒钟就对一个美国人的秘书暗示,或许她的上司并不知道你在等候,那似乎很荒唐;这和"空等"5分钟就大发雷霆一样荒谬。然而,这正是那位拉美部长的感觉:美国公使的抗议很荒谬! 和往常一样,他觉得美国人完全是不可理喻的。

在这场不幸的误解中,美国公使始终在按照他从小就习惯的方式行事。在国内,这样的反应是正常的,他的行为也是合理的。然而,即使他出国赴任前就有人忠告,这样的事情会发生,一旦真的受到45分钟的冷遇,要他不觉得受辱也是不太可能的。另一方面,如果他像学习所在国口语那样接受培训,详细了解当地的时间系统,他就可能会作出相应的调整了。

诸如此类的情形使人烦恼的根源在于,人们没有意识到,自己正受制于另一种交流形式;有时用语言交流,有时并不用语言交流。当传递讯息不使用显性的语词时,事情就倍加困难。双方都不太可能说清楚,究竟正在发生什么事情。双方都只能说,他们觉得正在发生什么事情,自己感觉如何。自认为对方正在传达什么讯息的念头,正是令人不快、造成误解的根源。

1.1 美国人的时间

西方人尤其是美国人喜欢把时间看作固定不变的,时间在我们四周,使人无法逃遁,是环境的一部分,无处不在,宛若我们呼吸的空气。如果说时间竟然有其他体验方式,那种感觉既不自然,也很奇怪。即使我们开始发现,其他人使用时间的方式的确不同,我们的感觉也很难改变。就是在西方世界内部,有些文化对时间总体意义的估价也低于我们。例如,在拉丁美洲,人们对待时间很随意。在墨西哥,你常常听见他们说:"我们的时间,还是你们的时间?"

一般地说,美国人把时间看作一条道路,或一根带子,通向未来,人们沿此前进。道路分段,一节一节分离("一次只做一件事")。不会安排时间的人被人鄙视,是不切实际的人。至少在拉丁美洲的一些地方,北美人(这是我们的称呼)会感到烦恼,他们赴约时,往往会发现对方在安排许多事情同时做。我有一位在西裔文化传统中成长的朋友,他根据"拉丁美洲"的时间体系来办公。这就是说,他的办公室里会同时出现许多人,有时竟多达 15 人。所以,本来一刻钟可以办完的事情有时竟需要一整天。当然,他知道英裔美国人会感到不安,因此往往照顾他们:他们打算待几分钟时,只让他们待一个小时。美国人时间分段的观念和安排日程的观念,与亲切宜人、表面混乱的拉丁系统是格格不入的。然而,倘若这位朋友坚持美国人的时间系统,他就会摧毁自己的生财之道。来他这里谈生意的人同时还通报情况,会晤聊天。他的办公室里经常会有 10 个至 15 个人,这些西裔美国人和印第安人常常坐着闲聊(稍后,我和他们如此交往时也比较轻松了),他们在这种独特的交流网络中扮演各自的角色。

美国人不仅分割时间,制订日程表,而且总是朝前看,几乎总是面向未来。我们喜欢新东西,执着地追求变革。我们想知道如何克服变革的阻力。事实上，只要含有吸引人的变革理论，任何科学理论乃至伪科学理论都会受到特别的关照。

我们通常把时间当作形而下的物品。我们赢得它、花费它、节省它、浪费它。对我们而言，同时做两件事似乎有点不道德。在拉丁美洲却截然不同，一个人同时做几件事的情况司空见惯，他或者伏案做几件事，或者穿梭于几张办公桌之间，每件事各花一点时间。

我们也展望未来，但我们的视阈有限。我们的未来是可预见的未来，不是南亚人那种长达千百年的未来。实际上，我们的目光短浅，以致许多实际可行的计划难以实施，比如需要公共支持和公共财政资助的60年或100年的环境保护工程就无法实施。凡是在美国实业界或政府部门工作过的人都听见过这样的话："先生们，这是一项长期规划！需要5年至10年的时间。"

对我们而言，"长期"是比较短暂的，一二十年、两三个月、几个星期，甚至几天都是长期。然而，南亚人觉得，把"长期"设想成几千年甚至无止境的时期也是完全真实可信的。一位同事曾这样描绘他们的时间观："时间像一座博物馆，里面有无尽的走廊和无数的壁龛。参观者在黑暗中摸索前进，秉烛观赏。上帝是博物馆馆长，只有他才知道所有的展品。人的一生只不过是这个博物馆里小小的一隅。"

美国人的未来观与过去观相联系。传统在美国文化里的作用同样是有限的。总体上看，我们把传统搁置一边，或者留给那些出于非常特别的原因而对过去有兴趣的少数人。当然，有些地方如新英格兰和南方也强调传统。然而，在企业界，人们的传统等同于经验，而企业界的生活又是美国生活的主导模式，所以即使经验不等于技术知识，至少也很接近技术知识。技术知识是我们珍惜的宝贵财富之一，当我们回顾过去时，我们极少因过去本身而感到高兴，通常我们是去计算已有的技术知识，去评估未来成功的机遇。

办事迅捷的观念在美国人的生活里也很受重视。办事拖沓常常被认为是傲慢无理,或者是不负责任的表现。喜欢用心理学来论事的人会说,我们美国人因时间而狂。他们能指出美国文化里那些背负时间包袱的人。即使不那么为时间所累的其他美国人也强烈地感觉到时间的重要性,我们从小所受的教育就是认真地对待时间。我们非常强调文化里的时间系统,并且将其推向无与伦比的极端,也许只有瑞典和德国北部的文化堪有一比。许多人批评我们对时间的痴迷态度。他们认为,溃疡病和高血压正是时间的压迫造成的。也许他们说得对。

1.2 其他时间观念

甚至在美国本土,人们使用时间的方式也截然不同,不努力去求解的人会觉得那是不可思议的。普韦布洛印第安人就是一例。他们居住在西南部,他们的时间观念与一般受时间束缚的美国人全然相左。普韦布洛人认为,只有时机成熟、水到渠成,才能开始做事情。

我还记得25年前到一个普韦布洛村落去看圣诞舞会的情形,这个部落在格兰德河附近。我翻山越岭,走了45英里①。在海拔7000英尺②的高山上,凌晨1点钟的严寒难以忍受。我在死寂的黑夜里瑟瑟发抖,不断搜寻舞会开始的迹象。

教堂外面死一般地寂静,偶尔传来沉闷的鼓声、咿呀的开门声,却转瞬即逝,刺破夜空的灯光也一闪即逝。在预备举办舞会的教堂里,几个白人在阳台上冻得缩成一团,搜寻迹象,猜想还要忍受多久。"我听说他们去年是10点开始的。""牧师没来,他们不能开始。""无法判断,他们打算什么时候开始。"谈话间夹杂着冻得打哆嗦时牙齿的磕碰声,以及为保持血脉流通而跺脚的声音。

---

① 1英里=1.0693公里。
② 1英尺=30.48厘米。

突然,一个印第安人推门进屋,拨旺炉火。有人用手肘碰碰身边的人说:"看样子快开始了。"接着,我们又等了一个小时。又一个印第安人进来,穿过教堂中殿,消失在另一扇门背后。"肯定要开始了,毕竟都快两点了。"有个人猜,他们在耍脾气,希望白人走。有个人认识普韦布洛朋友,便去他家打听舞会何时开始。结果是谁都不知道。可是突然,正当白人游客几乎精疲力竭时,夜空中响起了低沉的鼓声、撞击声、男低音的合唱声——没有任何预兆,舞会已经开始。

经过多年的观察,凡是头脑清醒的白人都不敢贸然猜测,这样的庆典舞会会何时开始。现在,我们这些了解内情的人知道,这种舞会并没有特定的开始时间,根本没有时间安排。当"万事俱备",舞会就开始了。

我已说过,和东方人相比,文明社会的西方白人的未来观很短浅。然而,若是与亚利桑那州北部的纳瓦霍人相比,白人似乎又成了很有耐心的典范。纳瓦霍人和欧洲裔美国人之间在时间观念上的相互适应快有一百年了,迄今却收效甚微。对传统的纳瓦霍人而言,时间就像空间——只有此时此地才是真实的。未来毫无真实性可言。

我有一位在纳瓦霍人中长大的老朋友。对纳瓦霍人的时间观念,他做了这样的说明:"你知道纳瓦霍人喜欢马,很爱赛马和赌马。假设你对他说:'朋友,你看见我那匹快马了吗?去年独立日在旗杆镇的赛马会上它是全能冠军。'他连忙说:'对,对,我知道。'他认识那匹马。你接着说,我打算在秋天把这匹马送给你,他会马上脸色一沉,转身就走。相反,假设你对他说:'你看见我刚才骑的那匹瘦马了吗?它肚皮有点干瘪,笼头有点破旧,鞍子有点磨损。送给你,伙计,它归你了。去牵吧,现在就骑走。'他会立即笑逐颜开,与你握手,跳上马,疾驰而去。两相比较,只有立即兑现的礼物才是真实的。未来送礼的允诺简直就不值一提。"

在实施牧区管理和资源保护的初期,想说服纳瓦霍人放弃心爱的羊群,换取一二十年以后的利益,几乎比登天还难。有一次,我负责监管一些小土坝。和其他人的工程一样,我最初的工程毫无进展;我没法使他们相信,应该努力工作,加快进度,筑更多的水坝,给羊群引来更多的水。我对他们说,能修一座坝还是十座坝,全看他们自己的努力;这样的解释等于白说。后来,我把我们的行为方式翻译成他们所能理解的话语,他们才开始尽力工作。

问题是这样解决的:我向朋友洛伦佐·哈贝尔(Lorenzo Hubbell)请教,他终生在印第安人的居留地生活。每当我遇到难处时,总是向他倾诉,并且总是有所收获。在交谈中,我总是能找到一把钥匙,解读纳瓦霍底层人的生活模式。我由此得知,纳瓦霍人理解并尊重交易。我曾经注意到,即使他们承诺,如果任其松懈,任务也完不成。他们尤其害怕,有朝一日要他们履行未尽的义务。我决定坐下来和他们好好谈一谈。如果对他们讲,现在努力工作将来必有回报,那是徒劳无益的,推理和逻辑也毫无意义。然而,换一种方式说果然就奏效了。我指出,政府付钱给他们还债,在离家不远的地方给他们安排工作,给他们的羊群引水,他们终于有了反应。我强调,作为交换条件,他们必须每天工作八小时。这项工作被当作一笔交易。我这样澄清以后,工作进度就令人满意了。

一个印第安工人无意中提供了另一个例子,说明了围绕时间而引起的文化冲突。他名叫"小星期日",长得瘦小精干,讨人喜欢。我想知道"小星期日"名号的由来,但不得不向别人打听,因为当面问纳瓦霍人名字的意思是不礼貌的,连问名字都不礼貌。我听到的解释给人以启示。

在白人和印第安人交易的初期,印第安人很难适应欧洲人划分时间的方式;他们觉得很奇怪,不自然。他们自己遵循昼夜交替的"自然"顺序、月出月落的自然周期。白人商人和传教士使用的"星期"的概念尤其使他们感到困惑。试想,一个纳瓦霍人的居住地离商店有四五十英里,商店又在铁路以北百里之遥。他想买一些面粉,也许还要买一点猪油,做面包。他想着面粉和猪油,想着见朋友,想着买卖的乐趣,寻思商人是否同意他赊购,盘算他的兽皮能换多少钱。他骑马赶路一两天,抵达商店,准备做买卖,却吃了闭门羹。已经有几个印第安人待在商人建造的泥屋里等待。他们说,老板在,但不肯做买卖,因为是星期天。他们前去敲门,老板却告诉他们,"走吧,今天是星期天"。那个纳瓦霍人说:"我从黑台地赶来,饿坏了,要买点吃的。"店主无奈,只好开门,于是,纳瓦霍人一拥而进。有一个经常在星期天来买卖的纳瓦霍人就得到了"大星期日"的绰号。"小星期日"仅次于他,也经常在星期天来买卖。

苏族印第安人提供了另一个有趣的例证,说明不同的时间观念。不久前,经人介绍,一位苏族事务负责人来到我的办公室。我听说他在苏族保留地出生,在印第安文化和白人文化的氛围中长大,获得名牌大学学士学位。

他与我长谈,详细介绍族人的情况,非常有趣;他的部落已经适应我们白人的生活方式。他突然问:"一个民族没有表示时间的语词,你会怎样想?我的族人没有表示'迟到''等候'的词语。他们不知道等待或迟到是什么意思。"然后他又说:"我断定,除非学会识别时间,并懂得时间是什么,否则,他们永远无法适应白人文化。于是,我着手教他们认时间。但是,保留地教室里的钟全都坏了。首先,我买了几只像样的钟,然后叫校车准时开,如果学生迟到两分钟,就只好自吃苦头了。校车在8时42分准时出发,学生必须准时赶到。"

当然,这位主管做得对。如果苏族人不了解时间的意义,他们就不能适应欧洲人把握时间的方式。他的做法听起来未免过分,但也是唯一可行的方法。准时开校车、让司机遵守严格的时间表是聪明之举,亦是仁慈之举。在自己的保留地误车,吃过苦头以后,他们就不至于因为迟到而失去镇上的工作了。

事实上,由于苏族人使用时间的方式和我们截然不同,实在没有其他办法教他们如何使用时间。最快的办法是引进使用时间的技术性方式,以便使时间的意义明显。然后,他们自然能学会一些变通的方式,但是,除非他们体验并掌握了我们的时间使用方式,否则,他们永远不可能适应我们的文化。

在远离美洲印第安人保留地几千英里的地方,我们遇到了另一种处理时间的方式。初来乍到的人没有精神准备,一定会非常不安。在太平洋西南方的特鲁克岛上,居民们对待时间的方式既使自己的生活错综复杂,也使别人的生活受到同样的影响。这种方式不仅使当地的民事长官和军事长官困惑,而且给记录他们生活的人类学家造成一些特殊的困难,甚至他们自己的酋长也感到头疼。

时间不能治愈特鲁克人的创伤!往事日积月累,给特鲁克人造成越来越沉重的负担,压在他们身上。陈年往事仿佛是刚刚发生的事情。第二次世界大战末期美国人占领特鲁克岛不久发生的一件事,充分说明了岛民的时间观念。

一个村民气喘吁吁地跑到驻军司令部,报告出了人命案,凶手正逍遥法外。自然,长官很警觉,准备派宪兵队去逮捕杀人犯,突然想起有人劝告说,对待"土著人"切勿操之过急。稍加询问便得知,凶手与受害者的妻子"鬼混"。为了确定犯罪的地点和日期,他随即提了一些常规问题,结果发现,凶杀案并不是一般想象的几小时或几天前发生的事情,而是发生在17年前。17年来,凶手一直逍遥法外。

关于时间无法治愈特鲁克人的创伤,还有一个土地纠纷的例子。事情起源于19世纪90年代德国人占领时期,经过日本人占领时期,直到1946年美国人占领该岛,仍然纷争不息。

1867年,传教士阿蒂·摩西(Artie Moses)来到乌曼(Uman)。此前,特鲁克岛充满暴力和血腥的战争。村庄不是建在较为舒适的岸边,而是建在山坡上,以加强防卫。袭击没有任何预兆,无缘无故,无须挑衅就会发生。如果有人摘了别人树上的一只椰子,或是拦路调戏了一个妇女,就会引起一场斗殴。若干年以后,有人还会重新想起这个人,认为尚未报仇雪恨。于是,深更半夜时,肇事者的村子就会遭到袭击。

他们控告酋长对不起村民的过错,每一点小小的疏忽、每一笔小小的贪污受贿都记得清清楚楚,无一遗忘。任何损失都要求得到赔偿。对我们美国人而言,这样的贪腐十分荒谬,看到那长长的清单,我们会感到吃惊:"酋长怎么会如此腐败?""他们怎么记得住那么多大大小小的事情?"

特鲁克的岛民把世世代代积累的重负扛在肩上。另一方面,两件事情可以在两个地方同时发生的观念,他们几乎完全不能把握,哪怕两个地点相距很近。第一次世界大战末期,日本人占领了特鲁克岛。他们将乌曼岛的酋长阿蒂·摩西带到东京去。日本人迫使阿蒂向部落发一份无线电报,借以证明日本技术的神奇力量。尽管他的家人知道,他人在东京,但他们根本不相信电报是他发的,也不相信他说过什么话。在他们看来,远处的地方是很真实的,可是那里的人是异常遥远的,与他们的任何互动都是不可思议的。

人类学家保罗·博汉南(Paul Bohannan)报道了另一种截然不同的对待时间的态度。像纳瓦霍人一样,尼日利亚的蒂夫人(Tiv)按太阳的位置计算时辰,据月亮的盈亏计算日子,所不同的是他们利用和体验时间的方式。在蒂夫人的眼里,时间就像一个舱室,有串门的时间、做饭的时间、工作的时间。做一件事时,人就在一个舱室里,不会转到另一个舱室。

蒂夫人的一个星期有五至七天,不与周期性的自然事件相联系,与月相之类的天象没有关系。一个星期内的几个日子根据最近"市场"上销售的物品来命名。如果我们的命名和他们对应,星期一在首都华盛顿可以叫作"汽车日",在巴尔的摩可以称为"家具日",在纽约可以名为"布匹日"。其余的日子可以命名为"家电日""酒品日""钻石日"。这就是说,当你旅行时,日期的名称会不断变化,依据你所在的地方而有所不同。

我们的时间系统有一个必要的前提,其构造成分必须累计相加。60 秒钟等于 1 分钟,60 分钟必须等于 1 小时。如果其他人不这样做,美国人会大惑不解。亨利·亚历山大·朱诺德(Henri Alexandre Junod)在其非洲研究中,述及关于桑加人(Thonga)的这样一件事:一位巫医能熟记 70 年里的大事,能逐年详述每年发生的事情,详尽无遗,顺序不乱;他把这个熟记的时期称为一个"时代",但按照他计算的长度,这个"时代"是"4 个月又 800 年"。一般人对这个故事和诸如此类故事的反应是,这个人尚未开化,像儿童一样幼稚,不知自己所云为何物,因为 70 年怎么能与 800 年相等呢?然而,身为研究文化的学者,我们再也不能对其他构建现实的观念嗤之以鼻,不能视之为幼稚。我们必须更加深入地研究。在桑加人看来,"大事记"是一回事,"年代"是另一回事。两者的运算是毫不相干的。

上述关于欧美时间观念与其他时间观念的分别似乎过多引用了原始初民的例子。倘如此,让我再举两个例子。即使这两种文化尚未工业化,至少和我们一样是文明开化的。和美国人相比,伊朗人与阿富汗人的时间观迥然殊易。美国人对待约会的态度可用来和他们对比。我曾经在德黑兰看到这样一群年轻人,他们准备聚会。他们拟订了详细的计划,规定何时何地接何人,然而一切安排都落空了。有人托人捎信说,他们不能去接某某人,或要去其他地方,其实他们很清楚,他们托付的人不可能传达口信。结果,一个女孩子就被撇在街口苦等,无人理会,而大家并不担心。给我提供材料的本地人解释说,他本人就有许多类似的经历。他曾经和一位朋友 11 次约定会面。每次他们两人中总有一人爽约;第 12 次约会时,双方发誓一定赴约,不见不散，但他的朋友又未露面。他等了46分钟，然后给对方打电话，发现朋友还待在家中。下面的对话就是当时大致的情况：

"是你吗，阿卜杜拉？""是的。""你为什么还不来？我以为我们肯定能见上面了。""可是，天在下雨呀。"阿卜杜拉带有帕西人(Parsi)常有的哀怨的语气。

如果说伊朗人现在对约会的态度太随意，那么约会过去在他们心目中却是极端重要的。人们回顾过去的辉煌，缅怀波斯文化的伟大年代。然而，未来似乎很不现实，很不确定。众所周知，企业界有人投入巨资，兴办工厂，却根本不做任何规划，不知道如何使用这些钱。有人订购了整座毛纺厂的设备，设备到了德黑兰，却尚未筹集到足够的资金去盖工厂、买材料，甚至没有钱培训员工。美国的技术人员来伊朗援助经济时，他们面对的几乎总是毫无计划的局面。

从伊朗往东去阿富汗，你看到的时间观念与美国相去更远。几年前，有个人到喀布尔去寻找他的兄弟。他到市场上向所有的商人打听，问他们是否见过他的兄弟，并且把自己所住的地方告诉他们，以便其兄弟来喀布尔后寻找他。第二年，他又来到喀布尔，依然如此这般地询问和关照一番。美国大使馆的一名官员听说此事后，就问他是否已找到他的兄弟。他的回答却是，兄弟俩说好在喀布尔见面，但没有约定哪一年。

这些故事似乎离奇，人们对待时间的方式似乎有些奇怪，然而，如果我们正确分析，则是可以理解的。充分的分析需要恰当的文化理论。在比较靠后的一章里，我们将回头再说时间这个课题，此前，我希望已经提供了一个足以承担重任的文化理论。它将给我们启示，不仅有助于说明时间与社会的其他方面如何形成一个网络，而且能提供一把钥匙，借以破解文化的许多秘密；文化的语言耐人寻味，用许多不同的方式发声说话。

第二章
什么是文化？

文化一词早已被赋予那么多的含义，再加一个也无妨。在结束本书之前，我将回过头再做一次界定，希望能有助于澄清这个混浊不堪的概念。人类学家认为，文化代表一个民族的生活方式，是其习得的行为模式、态度和物质材料的总和。他们都赞同这一普遍的观点，至于文化的内容究竟为何物，大多数人类学家却众说纷纭。在实践中，有些人往往执着于某一个范畴的事件，将其视为一切文化的实质，但实际上，人类的生活范畴种类繁多。另一些人却倾向于寻找流动社会里的稳定点，试图辨认文化各层面共同的粒子或元素。总之，尽管泰勒（Sir Edward Burnett Tylor）[①]早在1871年就给文化下了定义，但这么多年以后，这个概念仍然缺乏严谨而明快的界定，许多革命性和

[①] 泰勒（1832—1917），英国人类学家，文化人类学鼻祖，影响至今不衰，著有《原始文化》《人类早期历史和文明发展研究》等。

第二章
什么是文化？

实用性稍次的理念都不如泰勒的定义严谨。

更不幸的是，文化的概念在公众意识中渗透得相当缓慢。和心理学里的无意识和压抑这两个概念相比，连见多识广的人也觉得文化这个概念很陌生。这一局面的原因很值得重视，因为诸多的原因暗示，文化概念本身存在固有的困难。

一开始，文化就是人类学家的特殊领地。他们接受严格规定的课堂训练，然后进入实习期，获得第一手的经验，体会到文化无处不在的威力。在研究过程中，羽毛未丰的人类学家越来越深入地了解到研究对象的生活，必然会相信：文化是实在的，绝非理论家的虚构。而且，当他们逐渐把握了某一特定文化的复杂性以后，便容易觉得，唯有靠持之以恒的体验才能理解这些复杂性。再者，没有这种长期体验的人，几乎不可能理解文化的复杂性。

这种心态足以使人类学家脱离周围的常人，他们不断长进的技能使其与周围的社会脱节；本来社会是可以利用他们特殊的洞见与知识的。他们脱离常人的原因还有一些。首先，人类学家的训练很耗时间，非常琐碎，他们的训练课题似乎与一般人关心的问题没有关系。此外，第二次世界大战以前，很少有美国人听说过人类学家经常研究的地区或民族；一般地说，这些民族通常孤悬一隅，人口稀少，在现代世界的强权政治中无立锥之地。那时，人类学家的工作也好，他们的发现也好，似乎都没有被赋予"实用的"价值。除了满足某种好奇心或怀旧感以外，研究美洲印第安人有什么价值呢？一般地说，印第安人被视为浪漫的红种人、古老岁月的残存者，使人尴尬地想起，他们一度被视为进步的障碍，并受到残忍的伤害。偶尔，公众也爆发对人类学的兴趣；但长期以来，人类学（及其核心的文化概念）使人联想到的题材和个人总是远离商务和政界的现实。这种观点在某些地区仍然存在，其鼎盛期是在20世纪30年代初。

20世纪30年代的大萧条带来了许多变化，和平地引入了许多曾经被视作具有革命性的观点。其中之一是将社会科学理论和技术应用到一般的国内经济事务中去。例如，人类学家突然应召离开学术象牙塔，以帮助缓和紧迫的少数民族问题。

在这些饱经苦难的民族中，印第安人尤其悲惨，他们生活在保留地，受政府监管，大多数人既无昔日的尊严，也享受不到周围主流社会的利益。彼时，政府对不同部落采取相同的政策，将其一概视为无知而固执的孩子，这个错误至今尚未真正得到纠正。在政府的印第安人事务局里，产生了一套关于如何"处理"印第安人及其问题的惯例，积习难改。和国务院讲习所一样，印第安人事务局频频调换其雇员的岗位，结果，终身在局里供职的人连自己管辖的印第安人也一无所知。不断滋长的官僚作风以对付雇员的问题为导向，而不是以解决印第安人的问题为导向。在这种情况下，提倡人类学家的思想根本就无从谈起，印第安人与欧裔美国人有深刻而重大差异的思想根本就得不到贯彻，因为它会使人不安，可能会砸烂官僚主义的坛坛罐罐。今天，政府对印第安人的态度仍然很不尽如人意，不过，由于训练有素的人类学家被派往保留地工作，他们的命运还是大大地改善了。

在第二次世界大战期间，像我这样的人类学家不仅应召去研究西南太平洋地区的土著民族，而且应邀去研究日本人。在战争的压力下，我们的忠告被听进去了；然而，和战时的许多革新一样，和平来临后，我们的研究成果就被遗忘了。

不过，我们纯研究性质的田野调查和应用研究工程并非全然付诸东流。倘若这种丰富的经验给了我们什么教诲，那就是一个道理：文化不仅仅是习俗，不是可以随意脱换的衣服。许多和其他文化打交道的人总是撞到无形的墙上，且不知其原因，我们给他们提供咨询。我们知道，他们遭遇的是一种截然不同的生活方式，不同的思维方式，关于家庭与国家、经济体系乃至人类基本构想的全然不同的方式。重要的问题是如何传达这一严峻的事实。然而，我们指出这样的差异时，我们的解释并不合适。我们的大多数解释带有趣闻逸事的性质,很少能做到具体明快。

一般人并不真正关心文化的定义;此外,我们的研究领域本身还遭遇到一些方法论上的困难。最紧迫的困难是基本信息的一致性问题。田野调查者记录并解释他们获取的第一手材料;但另一个人去研究同一群体时,他可能会见不同的材料提供人,即使他见到相同的材料提供人(人类学家不赞成这种做法),他也可能作出一套完全不同的解释。我们没有搜集材料、合理验证的方法,没有重复实地考察程序的方法,没有将一种文化和另一种文化里的同等事件相提并论的方法,只能分别描述这两种文化,说它们不同。至于它们为何不同,即使并非不可能说清楚,至少是很难说得很准确。无非是指出,有人牧羊,有人采集,有人狩猎,有人种植。无非是说,人们信奉不同的神祇,以不同的方式组成社会。人类学家深知,不同的民族存在着更深刻的差异。但是他的读者往往会忽视这些差异,连听取他们咨询的人也往往忽视这些差异。不知不觉间,这些善意的人士接受了幼稚的进化论观点,将许多异邦人纳入"欠开明的美国人"这一范畴。

即使现在,所谓"欠发达"的民族也常常在新技术面前退却,不太乐意接受美国人引进的医疗卫生和农业技术,于是就被认为落后而顽固,其领导人被认为贪婪,不关心人民的福利。领导人常被指责,甚至被控告,说他们迫使人民抵制革新,因为革新会粉碎他们对经济的控制。

不幸的是,其中一些指控确有道理。反过来,这又为美国在技术、军事援助以及外交事务方面的失败提供了一个方便的借口。其实,我们的困难多半产生于无知。外援和外事领域的人们诚实而真诚,但他们未能把握文化差异的真正意义,他们不知道,文化以深刻而持久的方式支配着人的行为,我们对这样的制约却是浑然不觉的,个人意识不到这样的控制。人类学家强调文化的制约,却往往不能引起人们的重视，因为他们挑战我们关于自己和外国人的最深层的信念。他们引导人们认识问题，但人们未必想正视这些问题。

此外，我在上文业已指出，人类学家的殿堂门禁太严，其洞见并不那么具体明快，一般人难以利用。和语言教学相比，我们没有传授文化的教学方法。直至最近，始终没有人给任何基本的文化单位做过界定，也没有基本公认的文化理论，没有明白晓畅的方法，一人的结论，另一人无法实地验证。即使今天，克罗伯（A. L. Kroeber）①和克莱德·克拉克洪（Clyde Kluckhohn）②这两位卓越的人类学家在检视关于各种文化概念和理论的著作里，还在呼吁调查者调动"移情作用"（empathy）之类的抽象学养。连他们也指出，至今的研究成果，尚不能令人满意地确定文化稳定的基本单位。

多年来，这种状况一直令人烦恼，促使我建立一种整合一体的文化理论，以克服上述缺陷。1951年，我赴华盛顿培训第四点计划（Point Four Program）③的援外技术专家时，有一个非常实际的理由去推进研究，并得出了比较明确的结论。此前，我在一所大学和一所小型学院执教。大学生选课是为了满足一般的兴趣。相反，这些援外专家和外事人员奉命出国，取得成效是对他们的期许，他们必须作好充分的准备。总体上，我发现，他们对人类学家专注研究的"何为文化"的问题没有多大兴趣。除了出过国、有实际海外经验的人外，其余的人往往对此很不耐烦。外事官员尤其爱取笑人类学家，说人类学家与纳瓦霍人相处的知识对他们帮助不大，因为我们在纳瓦霍人的保留地

---

① 克罗伯（1876—1960），美国人类学家，提出"文化构型"概念，在文化史、语言学、考古学和民族志学等领域均有建树，著有《人类学：种族、语言、文化、心理学和史前史》《文化成长的构型》《文化的性质》。

② 克拉克洪（1905—1960），美国人类学家，曾任美国人类学会会长，二战前后美国人类学界的"四大金刚"之一，代表作有《人的镜子》《纳瓦霍人的巫术》《文化观念与定义批评》。

③ 第四点计划，第二次世界大战后美国的对外援助计划，针对第三世界国家，旨在对抗苏联，控制"落后"国家，夺取自然资源。通过这一计划，美国迅速控制了亚非拉大片地区，特别是中东和拉美，既援助了一些国家，又深受其惠，成为"天然"的世界"领袖"。

上并没有设大使馆。遗憾的是,我在华盛顿培训实际工作者的初期,他们并不觉得我们传授的理论有何用处。他们的抗拒根深蒂固,我们却端不出必须要他们改变观念的理由。另一种烦恼来自一些政府官员,他们不知道,海外生活与国内生活的经验的确不同,需要的是大胆的新颖之见,而不是老一套的历史、经济和政治的知识。

有些接受培训的外交官等人员认真听课,的确有所收获,但他们面临着另一个问题。他们会说:"的确,我认为您讲的东西有些道理。我即将赴大马士革,有什么书能帮助我与阿拉伯人打交道吗?"我们瞠目结舌,无言以对!如果他们要去日本,我们可以推荐鲁丝·本尼迪克特的杰作《菊与刀》,并提醒他们,只能以此作为参考,不能指望发现与她的描绘一丝不差的情况。当然,这本书非常出色。作者从未去过日本,她只能在日本裔美国人中进行研究(该书写于战时),但她深刻洞察日本人的心理。这本书是最优秀的人类学著作之一,证明了一个道理:只要人类学家能系统整理自己的研究心得,他们就能够提出重要而实用的忠告。

大约与此同时,乔治·特雷格与我合作,我们着手创建一种文化分析方法。我们的终极目标包含五个基本步骤:(1)识别文化的积木块,我们后来称之为文化元素(isolates),类似于乐谱中的音符。(2)在生物学基础上整合这些元素,使之能成为进行各种文化比较的基础。我们明确规定,比较的方法应该使比较的条件能够随意重复。如果达不到这一目标,人类学就不能声称是一门科学。(3)建立一套数据和方法论,借以从事研究和教学,就像教授语言一样,使研究者不必依赖"神入"(empathy)之类的素质。(4)建立统一的文化理论,以便进行更深一层的研究。(5)最后要找到一种方法,使一般人觉得人类学很实用。

特雷格和我感到,人类学家太注重统计学,抑制了学科的发展;我们从社会学、心理学以及其他生物科学和物理科学中借用的方法论和理论又用得很笨拙。在许多情况下,社会科学家受到物理科学家的压力,惊慌失措,饥不择食,搬用形式数学和"科学方法"的严格操作。我们认为,人类学必须建立适用于其自身课题的方法论。

本书既勾勒一种文化理论,又介绍一种文化形成的理论,全面论述文化,将其视作一种交流的形式。

本书概述文化的生物学根基,即使并非文化之全部至少文化之大部概源于此;同时又勾勒构成文化的十大基本活动领域。第三、四章描述的是:人如何在三个层次上体验事物,如何在养育幼儿时以三种方式与孩子交流,如何在三种不同类型的知觉和意识之间切换,如何将三种情感赋予三种体验。我将这三个重要的层次分别命名为显形(formal)层次、隐形(informal)层次和技术性(technical)层次。理解这三个术语是理解本书其余内容的基础。人类的进步过程始于显形的信念阶段,渐入隐形的适应阶段,直至技术分析的阶段。因此,这个一分为三的构架里包含着一种变革理论,这个三分法是我的理论核心。

后面几章(第五至八章)详细讲述交流的各个方面,大众传播媒介比如报刊、广播和电视则基本不谈,因为它们是延伸人的感知的工具。这几章集中研究交流的一个主要方面,考察如何解读他人行为的方式。语言是技术性最强的讯息系统,是赖以分析其他讯息系统的模式。除语言之外,还有其他交流方式,它们的功能是加强或否定语词表达的意思。人学会释读交流频谱的片段,这些片段是短至一刹那、长至数年之久的事件。本书只介绍人类交流频谱的一小部分。其他几章描绘人与人交流的讯息内容,介绍交流讯息的组合方式。

最后几章更加细致地分析时间和空间。我们已经在第一章里宽范围、粗线条地论述了时间这种无声的语言;在最后几章里,我们更加详细地分析时间,将其作为基本讯息系统(primary message systems)的一个例证。第十一章把空间(领地)作为交流手段来研究。

如果说本书能为读者提供一种讯息的话,那就是:我们必须要学会理解人类交流"超乎知觉"（out-of-awareness）的方面。我们绝不能自诩完全意识到了自己向他人传递的信息。在今日之世界，人们交流时存在着严重的意义曲解。理解和洞察他人心理过程的工作更加困难，难度超乎我们多数人愿意承认的程度。

至此，我论及的问题主要是培训外交人员，以及将人类学知识用于外事的问题。我还强调，在国外工作的美国公民需要更系统地理解所在国的文化。一般的读者不曾在国外生活，觉得外交人员和援外专家的工作很遥远，可能会问，"这与我何干？"这个问题正好触及本书的终极目的，那就是揭示文化对我们生活的制约程度之深之广。文化不是奇异的观念，不是小群人类学精英在南太平洋的研究对象，是塑造我们的模具，文化在许多方面控制我们的日常生活，超乎我们的想象。在讨论文化的过程中，我将描述人们视之为理所当然的那些行为——我们不去思考这些行为，因为我们要么认为文化是普世相同的，要么认为不同的文化是风格特异的。

文化隐藏的现象远远超过其揭示的现象。奇怪的是，它隐藏的东西对文化的参与者最为有效。多年的研究使我坚信，真正的难题不是理解外域文化，而是理解自己的文化。我还坚信，研究异域文化所能得到的不过是象征性的理解，研究的终极目的是更好地了解自己文化系统的运行机制。接触外国文化最重要的理由是激发自己的活力和意识，以及对生活的兴趣；只有体验到文化的强烈对比和差异后，这样的兴趣才会产生。

无论对谁而言，了解自己的文化都是巨大的成就。在25岁或30岁时，我们多数人已经完成学业，成家立业，学会与另一个人共同生活，谋得一份工作，目睹了婴儿诞生的奇迹，生儿育女，使之成长。突然，我们必需的学习多半已经完成，生活开始安顿下来了。

然而，我们非凡的大脑赋予我们强大的学习驱力和能力。这一驱力似乎与食、色的驱动力一样强大。这就意味着，人到中年停止学习后,仍然能感受到强大的驱力并具有超强的能力。到另一种文化中去生活时,学习的过程又被激活。大多数美国人困在国内,没有到海外生活的机会。为了防止智力衰退,他们可以开始学习自己文化里没有意识到的诸多领域。他们可以探索新的边疆。

谈及美国文化时,如果不参照其他文化,就会产生这样一个问题:听众往往从个人角度来看待所学的内容。我曾经给一些中小学校长讲授文化。我们讲,美国人需要在业务上进步,有所成就,有些名望,使自己实实在在地意识到,自己获得了一定的地位。有位校长听后对我说:"你的话有意思,你谈的就是我。"他觉得我所讲的内容是针对他的,然而这时,文化研究的宗旨就在混乱中失去了。他似乎并不明白,很大一部分与他相关的内容同时也是重要的文化研究素材。

稍后,他向我讲了一件事,表明如果他对自己的文化有所了解,那是有助于他解决问题的。有一天他很忙乱,儿子却让他白白等了一个小时。他意识到,自己的血压因此而猛升,十分危险。结果,父子争吵,弄得很尴尬。如果两人能从文化的视角去看问题,由这件平常的令人恼怒的事情引起的争吵,本来是可以避免的。如果父亲了解这种紧张局面的文化基础,结果会大不一样,他可能会说,"好吧,如果你要让我等,那也行。但你要知道,让任何人久等都相当于扇人耳光。如果你就是要表达这样的意思,那你请便,但你一定要知道,这是侮辱人;如果别人回击,你可别像受惊的小鹿"。

一般人花时间研究文化的最重要的理由是,他能学到一些有用的知识,并从中得到启示。这一过程十分有趣,有时令人烦恼,但最终会有所收获。了解自己的最有效的办法之一是认真对待他人的文化。这会使你去注意一些细节,正是这些细节显示了他人与你的差异。

对那些熟悉文化研究课题的人而言,以上议论清楚表明,下文介绍的文化理论并非前人研究的老调重弹。我用了新的研究路径,审视事物的方法是新的。印第安人和南太平洋土著是大多数人类学家文献的标记,我也用上了。然而,我用这些材料仅仅是要说明自己的观点,以了解我们自己生活方式的特点,使我们认为理所当然的东西清楚聚焦。倘若读者在书中搜寻奇风异俗,一定会非常失望。本书特别强调的不是人们的言论,而是其行为以及制约人言行的隐蔽规则。

　　本书揭示的一些现象可能会使读者难为情。他们可能发现,在自己向他人传递的东西里,有些连做梦也没有想到的东西会在无意之间泄露。通过书中的一些例子,他们将了解一些自己一直在隐藏的东西。文化的语言嘹亮清晰,与弗洛伊德分析的梦的语言一样;然而,它又不像梦,是没法隐藏的。我所谈及的文化,并不是强加于人类的抽象的东西,也不是与个人分离的东西;我说的是有关人本身的东西,与你和我息息相关的东西。

32

第三章
文化的语汇

阿瑟·柯南道尔(Arthur Conan Doyle)笔下的人物夏洛克·福尔摩斯之所以成功,多半是由于福尔摩斯懂得如何解读非言语交流,能从观察中获取最大限度的信息。《身份案》("A Case of Identity")中的一段文字足以说明其观察之细腻。

> 他从椅子上起身,走到窗前,透过拉开的窗帘凝视伦敦灰暗萧条的街道。我从他身后看去,只见对面的人行道上站着一个高大的女人,围着厚皮毛围巾,宽大的帽檐上插着一根弯曲的红翎毛,帽子斜倾,遮住一只耳朵,模仿德文郡公爵夫人,卖弄风情。她身着盛装,但神情紧张,抬头张望我们的窗子,犹疑不决,身子前后晃动,手指不安地拨弄着手套的纽扣。突然,像纵身跳下水游泳一样,她匆匆跨过街道,直奔我们而来。我们听见急促的门铃声。

> 福尔摩斯把烟蒂扔进壁炉说,"我见过这样的征

兆，在人行道上踱步总是意味着恋爱受挫。她想听我们的忠告，但又不敢肯定，这样的交流是否太敏感。但即使在这里，我们也能区别不同的情况。如果女人受到男人严重伤害，她不会犹豫，一般的征兆就是'破碎'的铃声。迹象表明，这是爱情纠葛，但与其说她愤怒，不如说她迷惘或伤心。她来了，她将亲自解答我们的猜测"。

阿瑟爵士把这个极其复杂的过程解析得清清楚楚。我们许多人经历这样的事情时可能会不自觉。睁开眼睛观察周围事象的人能解读大量的信息。比如，在20世纪上半叶，典型的美国农夫们都知道邻居的习惯。不用别人告诉，他们就知道，琼斯先生要进城，而且知道，每隔一个星期的礼拜四，他都要到药店去为老婆买补品，然后又去草料店买饲料，到查理家去串门，看看警长，赶回家吃午饭。反过来，琼斯先生也知道朋友们什么时候有烦恼，而且他可能还知道，究竟是什么麻烦。他满足于这样的生活方式，因为大多数时候，他对周围的事情了如指掌。他不必说多少就足以让人明白自己的意思，离开商店时点点头、吭一声就足以表示告别。人们也了解他。相反，陌生人使他不安，并不是因为举止不同，而是因为他对陌生人知之甚少。琼斯遇见陌生人时，本来像呼吸一样自然的交流突然变得困难起来，明显复杂得多了。

如今，我们大多数人经常出门，琼斯先生与朋友相处时那种舒服自在的感觉，我们是很难得到了。当然，周围熟悉的迹象使我们不至于完全迷失方向。但在许多情况下，乔迁新居的人总是要经过几年，才能真正融入新的地方，才能完全轻松自如。美国人不仅在国内迁移，而且现在有150万美国人在国外生活，这个数字还在逐年增加。踏上异域的土地时，出国旅行的人总是难以适应的；与此相比，琼斯先生遭遇陌生人和陌生环境时的焦虑就显得微不足道了。起初，外国城市里的事物似乎和国内差不多。同样有的士、提供冷热水的旅店、配有电梯的高楼大厦,甚至有一些会说英语的人。但不久,美国人就会发现,在熟悉的外表之下,存在着重大的差异。有人说"对"时,他的意思常常根本不表示同意;人们微笑时,并非总是表示高兴。美国人表示帮助的姿态,有可能遭到冷遇;他们表示友好时,却得不到回应。人们说要做什么事,却未必真做。逗留越久,他们越觉得侨居的国家神秘难解。过了很久,他们才终于学会观察细微的信号,逐渐了解那些强化或否定言语含义的体态语。他们发现,在日本这个截然不同的国家里,连福尔摩斯也会一筹莫展,只有他的日本同行才能胜任侦探的角色。

这时,海外的美国人可能会勃然大怒,或尽可能脱离外国人的生活,或明智地自问,必须如何应对才能避免这种令人受挫的滑稽错误。如果推己及人,他们甚至可能思考,如何帮助新来者避免重蹈覆辙的尴尬经验。这可能就是增长文化智慧的开端,因为这是系统思考文化讯息的过程,几乎每个人熟悉陌生文化都要经历这样的过程。

我探究文化为何彼此不同以及如何用普通的语汇传达文化差异。我首先断定,没有任何一块试金石能解释任何一种文化。在此,我和许多人类学家的意见相左,他们把文化看成单一的范畴。之所以得出这个结论,那是因为我意识到,当下与过去没有断裂。现在的人是创造文化的动物,远古时没有"人",也没有文化,但古今并无断裂。远古和现在一线牵,连续不断;文化有生物学基础(bio-basic),文化扎根于生物活动。基础文化(infra-culture)一词可用来描绘文化出现之前的行为,稍后经过人类的经营而发展成为今天我们所知的文化。领地欲是基础文化活动的一个例子,与索取和捍卫领地的方式相关,从鱼类、狮子到现代人索取和捍卫领地的行为。

回溯基础文化就可以证明,以生物性为主的复杂基础是人类行为的基础,这些复杂的生物学基础是在进化史的各个时期形成的。特雷格和我还推断,基础文化的要素可能很少,可能导致迥然不同的活动,这些事物表面上几乎没有明显的关系。

文化既然是学会的,按道理就应该是能够传授的,这个道理似乎很清楚;然而迄今为止,我们在文化教学方面却罕有成就,只有语言教学是重大的例外,而语言是一切文化的主导成分之一。至于文化教学为何罕有成就,答案在于习得(acquisition)和学习(learning)的区别。文化的大部分成分是习得的,不可能通过教学去传授。相反,语言在幼年时习得,但稍后又要靠老师传授。借助现代语言学,语言的传授、分析和研究取得了戏剧般的进步;于是,我们两人仔细审视这一成就的原因何在。观察结果使我们确定,语言之外的其他文化系统有一套准则。一个文化系统必须满足以下三个条件:(1)植根于生物活动,这是人与其他高级生命形式共享的活动。人的生物活动与过去没有断裂,这是文化系统的必备条件。(2)一个文化系统能用自己的术语进行分析,而无须借助其他文化系统;就文化系统的组织而言,其元素能够组成更加复杂的单位。这是第二个条件。似乎与之矛盾的第三个条件是——(3)其构造既反映文化的其他系统,又反映在其他文化系统之中。

这三个条件是操作性的条件。换言之,其基础是直接观察一种文化系统,即语言的实际运作的结果。从人类学的观点看问题,这些标准是毋庸置疑的。我将十种人类活动称为基本讯息系统(Primary Message Systems)。唯有第一种和语言有关。其他的基本讯息系统是非语言形式的交流过程。因为每一种系统都和其他系统交织在一起,所以你可以从任何一种基本讯息系统着手学习文化,并最终了解整个文化系统的全貌。十大基本讯息系统是:(1)互动(interaction);(2)组合(association);(3)生存(subsistence);(4)两性(bisexuality);(5)领地(欲)(territoriality);(6)时间(temporality);(7)学习(learning);(8)游戏(play);(9)防卫(defense);(10)开发(exploitation)。

在逐一探讨基本讯息系统的过程中,我将强调三点:生物性渗透进每一个基本讯息系统;每一个基本讯息系统都可以单独考察;所有的基本讯息系统啮合在一起,构成总体的文化系统。

1. 互动。互动的基础是一切生物基础的应急性(irritability)。与环境互动意味着生存,反之意味着死亡。互动模式起始于简单生命形式的基础应急性,随着种系发生(phylogenetic)阶梯的攀升,互动模式越来越复杂。

最高级的互动模式之一是言语,言语可以用声调和手势来强化。除了著名的语言互动之外,每一种基本讯息系统都有独特的互动模式。人与人互动是群体生活的一种功能(组合),时间和空间是互动发生的两个维度。传授、学习、游戏和防卫各自表示专门的互动形式。

归根结底,人们所做的一切都涉及与其他事物的互动。互动寓于文化万象的枢纽中,一切事物都生于互动。

2. 组合。有一点容易忘记:复杂有机体实际上是细胞组合的群落,大多数细胞有高度特殊的功能,有机体最初的组合是细胞结成的群落。因此,组合滥觞于两个细胞的结合。

多年前,心理学家描绘了鸡群的啄击顺序(pecking order of chickens),很引人注目。应该记住:在每一个鸡群里,总有一只鸡啄击其他所有的鸡,而绝不会被其他任何鸡啄击;在鸡群的底层,总有一只鸡被所有的鸡欺负。位于两极之间的鸡有一个秩序井然的啄击顺序,从第二到倒数第二,第二只鸡只受老大的欺负,倒数第二只鸡只能够啄最底层的那只鸡。实际上,一切生物都以某种可以辨认的组合模式安排自己的生活。鸡群有啄击顺序,马群有"踢—咬"顺序。有时,僵化的顺序被另一种形式的组合取代。康拉德·洛伦兹(Konrad Lorenz)①描绘了两种不同形式的狗的组合模式。狗的两种组合模式的基础分别对应其祖先豺和狼的行为。狼对头狼和狼群都非常忠诚,从生到死,

---

① 康拉德·洛伦兹(1903—1989),奥地利动物学家、现代行为学创始人,诺贝尔医学奖得主,著有《所罗门国王的戒指》《人与狗》《攻击性》《动物与人类行为研究》等。

忠贞不渝。另一方面，豺的组合似乎相当松散，带有情景性特征；它们不像狼那样忠于头豺或豺群，交友多变，既容易"一见倾心"，又不会"天长地久"。

其他形式的组合见诸羊群、鹿群、牛群、鱼群，见诸成双成对的哺乳类和鸟类，如狮子、家鹅以及大猩猩的家庭等。组合模式长期不变；如果发生变化，那一定是由于环境的强大压力。著名人类学家拉尔夫·林顿指出，肯尼亚的狮子过去是单独或成对狩猎。猎物稀缺时，它们就成群出猎。有趣的是，每一只狮子在群体里都有它特别的角色和功能。其捕猎程序是，狮群形成包围圈，留一只在中心守候。它们吼叫、驱赶、包围猎物，让埋伏在中心的那只狮子猎杀。这种组合走在人类适应性行为的前面。

在哺乳类简单组合模式的基础上，人类先进的组合模式非常复杂，且丰富多样，迄今我们只对其粗略的轮廓做了分析和描绘。我在这里介绍的是社会及其元素组织构造的各种形式。

组合和语言这两个基本讯息系统的互相影响表现在社会阶级的各种方言中。这两个系统的互动还有其他一些例子：以领袖身份说话时的语气；表示地位和尊敬的敬语，比如日本人为适应非常严格的社会等级系统而形成的非常特殊的用语；我们的社会里对职位和地位较高者(护士对医生、大兵对长官、尉官对将军等)表示尊敬的口吻。

3. 生存。和其他的基本讯息系统一样，生存也是基本系统，滥觞于生命诞生的初期。了解任何生命体时，首先需要了解的情况之一就是其营养环境，我们需要了解它吃什么、它如何在自然环境中采集食物。人精心解决吃的问题，其工作和谋生手段先进而完善，就像其他基本讯息系统一样发达。这个基本讯息系统涵盖面广，从个人的饮食习惯到一国的经济都在其中。我们可以按食谱对人进行分类研究，而且，每个社会都有其典型的经济。

至于生存系统和其他基本讯息系统的相互作用，只需提及进餐时特别的言语行为就足以说明问题。在进餐时,性行为或其他身体功能是严格禁忌的话题。此外,各种职业和专业都有特殊词汇及特殊用法,每一种职业都是专门化的生存形式。当然,工作总是有高下的地位排列,这样的分别和组合模式高度吻合。然而,一种文化里地位高的工作在另一种文化里的地位可能低。这是海外美国人常常遭遇的许多问题之一,无论其是政府援外人员、企业人员或旅游者。

美国人并不认为手工劳动可耻,但在许多文化里,体力劳动被认为有失体面,是地位低下的象征。仅此一项差异就足以造成无数的困难和稽延。有时,美国人"甩开膀子干活"时,或动手演示工作程序时,他们的角色会遭到误解。在其他一些场合,当地人绝不从事体力劳动的职业,因为动手的活计被认为是非常低贱的。多年来,护理专业的发展严重滞后,因为这一职业接近地位最低下的底部,只有未受过教育的女孩子才去当护士。人们认为,许多和护理工作联系的职责比如帮助病人使用便盆是卑贱而肮脏的。同理,在拉丁美洲,传授安全生产技能的努力搁浅在文化的暗礁上,当地人发现,负责安全生产的工程师不得不穿工作服,亲自动手在机器上演示安全措施。

4. 两性。生殖和两性分化的形式和功能深深地扎根于过去。对两性分化的首要功能有一种最佳的解释:有必要提供各种各样基因背景的组合,借以适应环境变化。没有性别,后代就是单系,只保存单系的特征。人的基因组合的可能性实际上是无穷无尽的。

凡是接触过动物的人都知道,一个物种内部的基本性别差异是多么重要。首先必须了解的动物的特征之一是雌雄差异。动物的行为首先和动物的性别相联系,有人由此而得出关于男女角色的错误结论。他们认为人的行为与人的生理相关,这是大错。文化研究证明,情况一般不是这样的。一种文化里的男性行为在另一种文化里可能被纳入女性行为的范畴。一切文化都有男女之别;一般地说,当一种行为模式与某一性别联系在一起时,另一性别就会放弃它。

在拉丁美洲的很多地方,长期以来都有这样的观念:孤男遇见寡女时,他不可能压抑自己强烈的性冲动。在拉美人眼里,女人都无法抵挡男人的性冲动。结果,男女交往模式里就包含防卫和保护的措施。我们对去拉丁美洲的美国人发出警示,如果他们与异性单独相处,有可能导致暧昧关系时,那是百口难辩的。拉美人的回应通常是:"毕竟,你是男人,她是女人,难道不是吗?"美国人始终想不通,为什么拉美人真的认为,他们关于男女生理构造的观点和美国人不一样。在那里,男女两性都指望自己的意志力靠他人来提供,而不是靠内控。

在伊朗,你能看见两性基本讯息系统的另一种变异。人们期望男人表达感情,总理摩萨德(Mohammad Mossadegh)①的脾气足以为例。如果男人没有脾气,伊朗人就怀疑,他们缺乏至关重要的人性,就不可靠。伊朗男人读诗,敏感,体格健壮;在许多情况下,人们并不指望他们的行为合乎逻辑。他们常常拥抱握手。另一方面,人们认为女人冷静,实际上,她们表现出来的许多特征在美国是和男人联系在一起的。一位多年在伊朗生活的敏锐的外交官说:"倘若你认为,伊朗人的情感和理智角色与我们的性别角色刚好相反,你在那里的工作和生活境遇就会好得多。"

诸如此类的话会使许多人大吃一惊,因为几乎谁都难以相信,总是与"人性"联系在一起的行为却根本不是人的天性,而是后天学会的特别复杂的行为。有可能,文化观念遭到抵制的原因之一是,它使人怀疑许多既成的信念。规避文化观念的思想容易,直面它比较难。

言语和性别的关系显而易见。如果读者对此表示怀疑,那就请他像异性那样说话,看看别人会忍受多久。性别与领地欲也密不可分。许多鸟类有繁殖领地、筑巢领地;许多物种的雄性捍卫领地,防止其他雄性入侵。至于人类,在许多场合两性之间的行为是有清楚规范的,

---

① 穆罕默德·摩萨德(1882—1967),伊朗独立后第一届民选总理(1951—1953),备受伊朗人民拥戴,收回石油公司主权,激怒英美政府,后被中央情报局策动推翻。

比如客厅和卧室的行为规范就不一样。在弹子房或旧时的沙龙里，"女宾"是被排除在外的。

时间也进入了两性的行为情景，这一特征可以追溯到许多物种的交配季节。人类摆脱了强加于其身上的生物学局限，同时又背负多得多的包袱，包括决定两性关系何时开始。马林诺夫斯基（Bronislaw Malinowski）①描绘特罗布里恩群岛的岛民时指出，他们小小年纪性生活就很活跃，女孩始于6—8岁，男孩始于10—12岁。

5. 领地（欲）。行为学者（ethologist）用"领地欲"一词来描绘生命有机体占有、适应和捍卫领地的行为。鸟类的领地容易识别，它们在此觅食和筑巢；食肉动物在领地内狩猎，蜜蜂在领地内寻蜜；人类则利用空间从事一切活动。在空间利用上的生命平衡是大自然最脆弱的平衡。领地欲深入到生命的一切角落。进入决斗场时，即使西班牙斗牛也可能要确定它安全的地盘，斗牛士要把它赶出安全地盘，也要费一番力气。

人类的历史很大程度上就是我们努力从他人那里攫取空间的历史，也是捍卫自己的空间以防外人入侵的历史。匆匆一瞥欧洲过去半个世纪的历史就可以揭示这一事实，许多广为人知的例子足以说明人类领地欲的概念。乞丐有自己的地盘，警察要把乞丐赶出自己的巡逻区，娼妓站街也有固定的地盘。推销员和分销商像任何生命有机体一样捍卫自己的领地。"To move in on someone"（逼近、入侵）的象征意义准确而贴切。拥有领地就是拥有最基本的生存要素之一，缺少领地就是最危险的生存境遇。

空间（或领地）和其他文化系统的关系微妙而多样。比如，在正式场合，座位离上司的距离显示员工的地位；声音（从耳语到大声说话）

---

① 马林诺夫斯基（1884—1942），波兰裔英国人类学家，功能派创始人之一，著有《野蛮社会中的犯罪与习俗》《文化的科学理论》《西太平洋上的航海者》《自由与文明》《特罗布里恩群岛》等。

的大小随距离而变化;工作、游戏、教育和防卫有不同的区域;测量空间和边界有直尺、测链、测距仪等工具,测量的空间小至房舍,大至国家。

6. 时间。如上一章所示,时间在许多方面与生活相连,不容忽视。生命充满周期和节律,一些直接与自然相连,比如呼吸、心跳、月经等生理现象。年龄分期(将社会分成相当固定的年龄段)的习俗是时间和空间的结合。当然,进餐时间因文化不同而不同,正如说话的节奏不同。应该指出,有些人类学家将万物视为历史过程;毫无疑问,如果了解事件的时间关系,你就知道大量的信息。

7. 学习与习得(learning and acquisition)。学习和习得是不同的机制。在儿童自主习得(acquiring on their own)语言的研究中,近年的洞见显示,这类行为调适在基础文化的各个方面都在发生。这一调适过程成为非常重要的适应机制,拥有共同祖先的鸟类和哺乳类成为温血动物,大约发生在二叠纪末或三叠纪初,距今一亿年。

此前,一切生命的节律都和外界温度联系在一起。温度降低,生命的运动就放慢。当一切动物都是温血动物时,这一变化并不构成不利条件,因为一切动物的节奏都随之变慢。然而,当体温控制内化以后,温血动物就不再受外界温度波动的影响。于是,温血动物就获得了大大提高的生存价值,其感知能力随之提高,同时获得了适应外界环境的优势,比如迁徙、筑巢、营穴等方面的优势,它们适应极端温度变化的能力就增强了。

随着温血动物的体积增大,其种群数量相应减少。鸟类、哺乳类和昆虫都表现出很强的环境适应力。为了弥补个体朝生暮死、生命短暂的缺憾,昆虫王国采用了种群大量繁殖的办法。相比而言,由于体态庞大,寿命长,后代数量相对少,温血动物显然需要其他的适应机制。它们越来越依靠幼年的习得和稍后的学习,这就是它们的适应手段。只有等到借助语言实现时间和空间的延伸以后,真正的学习才成为名副其实的适应机制。幼鹿从母亲的反应中获悉持枪人的意义,但因为没有语言,在没有实际演示持枪人的情况下,幼鹿不可能得到危险来临的警示。由于没有符号的象征意义,动物就不能储存学会的东西而未雨绸缪。

近来,心理学家热心研究学习理论;人类学家约翰·吉林(John Gillin)①将学习理论融入人类学。然而,学习理论是复杂的,在不同文化中成长的人以不同的方式学会学习(learn to learn),习得文化的过程各有不同。有人靠死记,不参照我们所谓的"逻辑";有人靠演示,老师不要求学生"学习"时自己动手。像美国这样的文化强调,动手是一种学习原理;相反,其他一些文化却罕有实用的关怀。日本人甚至手把手教小学生;相反,我们的老师一般是不允许触摸学生的。和语言一样,教育和教育制度承载着大量的感情色彩,具有本族文化的典型特征。当我们试图将美国的教育制度移植到国外时,遭遇到顽强的抵制,就不足为奇了。

以不同的方式学会学习,这是海外援助人员培训当地人时必须面对的问题。在一种文化里长大的普通人觉得不可思议,学习这种基本行为的方式居然可以有别于自己受教育的方式。然而实际上,人们用既定的方式学会学习以后,再用任何其他办法去学习都会极其艰难。这是因为在学习过程中,他们习得了一整套隐蔽的条件和假设,学习就嵌在这一套条件和假设中。

文化的其余部分反映了我们的学习方式,因为文化是"后天学会的、相同的行为"。因此,学习是生活的基本活动之一。如果教育工作者能够从描写语言学先驱的著作里去学习,研究其他民族习得的语境,他们必然能更好地掌握教育的艺术。爱德华·萨丕尔(Edward Sapir)②

---

① 约翰·吉林(1907—1973),美国人类学家,著有《人们的方式》。
② 爱德华·萨丕尔(1884—1939),美国语言学家、人类学家、文化语言学和结构主义语言学的奠基人之一,以研究印第安人的语言著称,与老师沃尔夫一道提出著名的"萨丕尔—沃尔夫"假说,代表作为《语言》等。

等语言学家推动了语言理论的革命,并最终完成了语言教学法的革命;之所以能取得这样的成就,那是因为他们不得不解决"原始"语言中出现的问题。第二次世界大战中所谓的"陆军语言教学法"深受语言人类学家的影响。国务院当时的语言培训计划也深受人类学家的影响。

教育工作者埋头研究其他截然不同的教育制度时,必然遭遇许多闻所未闻的问题,此间,他们会大大增强对自己教育制度的理解。长期以来,美国人尤其倾向于认为,美国教育制度是终极的成果,其他制度不如我们的制度先进。即使高度发达、非常得体的日本教育技术也受美国人的鄙视。我们为什么如此得意扬扬,只能这样来解释:文化把盲目强加于人。无疑,我们看自己而不是看他人时,自鸣得意的理由所剩无几。我们的许多孩子不喜欢上学,许多孩子毕业以后收获不多;这说明,我们对学习过程的理解任重而道远。这同时也说明,美国文化中的习得行为和学习行为之间横亘着一条深深的鸿沟。

观察自己的孩子的成长和学习时,我们可以反思学习至关重要的作用。学习是文化的动因,文化在生存机制里的战略地位就不用说了。婴儿降生时白纸一张,没有文化;自此到四五岁,儿童从周围环境中习得和学习的速度空前绝后,一生中其他时间的学习难以匹敌。从6岁到10岁,儿童学习的势头依然强劲,只要教育制度不妨碍学习,其学习势头就不可阻挡。

但学校并非负责教育的唯一机构。一般地说,父母和大人起一定的作用。成人学会了以某种方式学习,他们可能会将自己的偏见或信念以多种微妙的方式传达给儿童,而且,他们传达的方式常常并不是很微妙的。下文这个例子足以为证。凡是分享我们文化的人几乎都有类似的体会。

故事开头,曾祖母去看曾孙女。曾孙女快 3 岁了,在蹒跚学步,吸收着周围的一切。除了吃饭睡觉,她最关心的是控制身边的交流活动，以便用自己的方式和其他人互动。她处在一个习得基础文化的过程中，稍后学会的文化将建立在这个基础上。曾祖母观察这一过程。她看到一丝使她不安的东西，静坐片刻，突然发出警告，用责备的口气说："看你这个胡乱模仿的小东西。路易丝，别这样！别这样模仿。"曾祖母不赞许曾孙女的行为，她演示的是一种主要的学习原理：不靠有意识模仿来学习。当然，儿童对成人这种学习过程是极端敏感的。

为了服务于人类，和性行为一样，学习也不能信马由缰，而是必须进行疏导，有时还需要引导。至于这一过程在不同的文化里如何运行，我们还有许多细节需要研究；通过对别人的研究，以效率自豪的美国人可能会找到帮助自己解脱困局的办法。我们目前教授阅读的方法正是美国教育学里诸多一望而知的缺陷之一。这是我们的教学方法的弊端之一。有时，阅读非但不是对儿童的奖赏，反而成了痛苦和困难的煎熬。

49 在西南太平洋的特鲁克岛上，儿童在十来岁之前，可以听其自然；以后大人才会规定，他们应该学什么。特鲁克人说，"他不懂事，还是个孩子"。相反，美国人往往不耐烦地纠正孩子的错误。在我们看来，学习天然应该带有一点儿压力，所以学得快的孩子比学得慢的孩子受重视。一些文化似乎不那么强调学习的速度，更强调学习的正确性。另一方面，美国目前的教育方式是，孩子不知道单词的意义时，他可以猜测。这不是培养未来科学家的最佳途径。

美国人往往认为，儿童必须要"理解"他们所学的东西。结果当然就是，很多无须花架子就可以学会的材料，反而被搞得很困难，那些复杂、常常有错误的解释就是这样的花架子。相反，把解释和逻辑作为学习过程并没有压垮阿拉伯人或日本人，他们对科学作出了独特的贡献。

在未来的时间里，人们如何以不同的方式学会学习这个课题，依然是需要继续研究的领域。然而，从目前的情况看，每当在不同文化背景中成长的两个人长时间互动时,这种学习路径的差异势必是必须克服的障碍之一。美国人会说,"南美人为什么不能学会守时呢?"或者说,"泰国人为什么不能学会用开水加工小冰块呢?"回答当然是,没有人以恰当的方式向他们传授这种方法,须知,传授的方法要和他们在日常生活中学习其他东西的方式一致。

8. 游戏。在进化过程中,游戏是出现较晚的生命机制,我们对游戏的理解还不是很深刻。在哺乳类动物身上,这一机制比较发达,鸟类身上的游戏成分还不容易辨认;游戏作为适应机制的作用还不是很清楚。然而,我们可以说,游戏和其他基本讯息系统交织在一起。人们开怀大笑,说俏皮话,如果你学会并掌握了一个民族的幽默,你几乎就掌握了其余的一切。世界上许多民族的文化里都存在一种所谓的"戏谑关系"(joking relationships),我们的文化里也存在所谓的"游戏伙伴关系"。生活中有许多游戏的时间和场所,游戏场地包括住宅里的娱乐室和公园里的娱乐区,还包括繁荣而庞大的娱乐业。游戏和学习关系密切,显示智力和游戏的关系也不难。国际象棋和中国象棋之类的游戏几乎完全是开发智力的结果。

游戏和防卫系统也关系密切。幽默常常被用来捍卫或掩饰人的脆弱性。游戏和防卫的关系的另一个例子是军事操作和演习,这就是人们常说的"战争游戏"。

西欧人的许多游戏的一个基本特征是带有竞争的性质。结果,在我们看来,墨西哥普韦布洛印第安人的许多游戏甚至赛跑都很奇怪,因为老人、小孩和年轻人一道赛跑。赛跑的功能不是战胜别人,仅仅是"尽力而为"。实际上,对我们而言,游戏很难得是自主的活动。举一个极端的例子,老西部(Old West)①的游戏常有暴力成分,俏皮话常有一丝泥土味,笑话常能伤人,或使人尴尬。一般地说,美国人的幽默

---

① 老西部,常指美国19世纪下半叶的西部地区。

是二元对立的,要么有,要么无。然而在远东,我们看到的幽默却是一个连续体,一个宽泛的频谱,人们从幽默中得到程度不等的微妙细腻的乐趣。

9. 防卫。对人类和动物而言,防卫都是极端重要的特殊活动。研究低等动物的行为学家的传统做法是考察和描绘有机体的防卫机制。行为学家要熟悉这些防卫机制,然后才能解释动物食谱之类的基本情况。负鼠装死、变色龙随环境变色、乌龟将脑袋和脖子缩进龟甲、臭鼬排臭气、乌贼喷墨汁、鸟类成群飞以迷惑猎鹰……仅举几例足矣,任何学童都能够列举诸如此类的防卫手段。

人们以高超的聪明才智开发了繁复先进的防卫技术,不仅将其用于战争,而且将其用于宗教、医疗和执法。他们不仅要抵御大自然潜在的敌害,而且要抵御人类社会里的敌对力量,还要对付自己内心的破坏性力量。宗教关注的是抵御自然和个人内心的危险;法制机关的功能是对付反社会的罪恶;军队的用途是抵抗其他社会的进攻;医疗用来保护群体的福祉,使个人免于疾病之虞。

和医疗、执法及战争相比,宗教的功能已经有了相当完备的文献分析,在跨文化的意义上也广为人知,所以我们在这里点到即止。然而,有一点却需要牢记,即不同的文化对宗教的态度往往不一样。美国人往往划分宗教派别,削弱其社会功能,这一倾向胜过其他民族。纳瓦霍人把许多活动比如医疗、娱乐、体育和科学看成是宗教活动。在中东,伊斯兰教的作用比今天欧洲的基督教渗透得更加广泛。伊斯兰教在阿拉伯人生活里渗透的广度,西方世界的人难以把握。宗教的内容、组织及其与生活各方面整合的方式,在不同的文化里相差很大。

世界各地的医疗也各不相同。固然,西方的医疗取得了非凡的成就,但我们不应该对其他医疗体系的成就置若罔闻,它们也能预防无数的痛苦。学界的研究积累了大量的资料,显示其他社会的医疗实践。海地的伏都巫术(voodoo)、纳瓦霍人的巫医、中国的草药师几乎是尽人皆知的。和宗教一样,医疗是人们坚守的文化,除非文化的各方面都失败了,否则医疗是不会被放弃的。对疾病的态度也因文化而异。玛格丽特·米德(Margaret Mead)[1]指出:美国人心里觉得,如果自己生病,那一定是健康有问题;而纳瓦霍人却很少因此而抱怨自己,如果生病,他们会觉得,可能是无意之间踏入了禁忌之地,或一个心地不好的人对他们施加了魔法。

10. 开发。为了利用环境,一切有机体都要使身体适应特殊的环境条件。举几例说明之:长颈鹿(为适应高大树木上的树叶而形成)的长脖子、剑齿虎的獠牙、树懒的脚趾、马的单蹄、能与其他四指对握的大拇指。有时,有机体形成特殊的延伸,用以取代身体本身,使身体能解放出来做其他事情。这类灵巧的延伸有:蜘蛛网、蚕茧、鸟巢和鱼窝。人开发特殊的身体延伸功能时,这类延伸活动自成一体,成了开发利用环境的手段。

今天,人类开发的延伸实际上已经完成了过去由身体所能完成的一切事情。武器的进化始于牙齿和拳头,终于原子弹。衣服和住宅是生物体温度控制机制的延伸。家具取代了蹲坐在地上的动作。物质延伸的例子还有:电动工具、眼镜、电视、电话和书籍,它们都使人的声音超越时空。货币是延伸和储存劳动的方式。我们的运输网取代了过去肩挑背驮的方式。实际上,一切人造物都可以被视为我们身体功能的延伸,或肢体特殊部分的延伸。

物质材料和文化的其余部分关系密切。有时,人们误以为器物的精细或缺失就是文化的整体状况。实际上,每一个基本讯息系统都有器物的一面,这个物质层面和整个系统是密切相连的。男装和女装不同,工具与工作相连,时空用工具计量,玩具用来游戏,书籍用来阅读,

---

[1] 玛格丽特·米德(1901—1978),美国著名人类学家,心理人类学的创始人之一,20世纪30年代以《萨摩亚的成年》《人类学:人类的科学》《新几内亚人的成长》《文化与承诺》等作品而一举成名。

甚至器物也是地位的象征。器物和语言尤其关系密切。不仅每一个器物有名字,而且其使用方式常常大同小异。没有语言或器物,文化是难以想象的。试想,如果教人如何制作石斧却不说话,那是很艰难的。至少,你必须要有办法表达"不,不是这样的,是那样的"。

我们强调语言和器物的关系有一个原因:人类学家对语言起源的问题做了大量的探讨。一般被接受的观点是,语言历史悠久,至于何时起源,却难下定论。我自己的估计是:由于语言和物质文化关系密切,语言交流大约和工具制造同时兴起,大约在50万—200万年之前。按照菲利普·利伯曼(Philip Lieberman)权威的生物学和语言进化论观点,语言的滥觞大约在25万年前,那是智人出现、真正意义上的文化兴起之时。200万年前和25万年前之间可以被认为是原文化(proto-culture)阶段,这是前文化(pre-culture)向文化过渡的时期。

在十大基本讯息系统之间,存在着类似于语言和器物的密切关系。比如,组合与防卫是相互为用的(人们结成"保护性组织"等);同理,工作和游戏、性别和学习、空间和时间都有功能互补的关系。在这几对关系里,只有性别和学习的关系似乎比较模糊,但这样的模糊性只存在于本族文化观察者的眼里。对其他社会的人而言,两者的联系可能是一目了然的。在我们的文化里,两性的分界线已经变得模糊,但即使在美国,性别界线依然存在,我们成长时习得的文化多半与自己的性别有很大的关系。如果不是这样,两性的文化差异就所剩无几了。

总之,我们务必记住,文化不是一个单纯的物体,而是一系列复杂的活动,它们之间有千丝万缕的联系,深深扎根于没有文化、没有人类的悠远的过去。由于语言和技术这个关系紧密的对子的发展,知识的储存得以实现。文化给我们一根杠杆,使我们能撬开大自然的秘密。文化是创造性蓬勃发展的必要条件,我们认为,创造性是最高级意义上的文化。虽然我们不太清楚,人类何以能演化到今天这一步,但高度发达的语言和技术与目前人类的形态关系之密切,却是可以肯定的。倘若没有低等有机体生成的基础文化系统,人类的一切成就是不可能实现的。人类出现在地球上时,构成文化基础的大部分进化业已完成,我们认为具有人类基本特征的基础系统就已经形成了。

显然,每一种基本讯息系统都丰富而复杂,都可以成为我们终身研究的课题。如此扼要地概括如此宽泛的、无所不包的领域,真使人感到尴尬;但如果跳过它们不予置评,那就无法使读者感到,文化的源头是多么复杂。最后要对文化进行概括的一点是:它不仅有历史意义上的广度和深度,文化的其他维度也同样重要。文化饱含着情感和智能。人类在习得的领域所做的许多事情,我们甚至没有体会到,因为我们习得它们的过程是超乎知觉(out-of-awareness)的。不过,人类的大部分活动是有意识思考的结果,充满着情感。依据附加在文化上的知觉或感觉的程度,我们可以对行为和文化进行分类。这是以下几章研究的课题。

第四章
文化的三个层次

弗洛伊德详细分析了无意识的作用,这是他最戏剧性和革命性的成就之一。凡是熟悉他著作的人都记得,他花了大量的时间使读者相信,诸如失言、笔误及梦境之类的现象都不受意识的控制。他对无意识世界的揭示促进了进一步的心理学探索,对人类行为的研究由此而进入新的境界。人不再被认为是完全理性的,完全受逻辑的支配。人不再被构想为一台精致的机器,受大脑中枢的控制。人不再那么容易预测,但更加有趣,被看作是驱力和情绪冲突的战场;而且,人体的许多驱力和情绪是隐而不显的。弗洛伊德之后,一个新的观念已然成为常识——我们认识到,人同时在不同的层次上存在。

弗洛伊德的研究还非常倚重行为,他认为,行为传递的意义胜过言词。他不信赖人的言词。他的许多思想都基于这样一个设定:言词隐匿的信息多,透露的信息少。他更加倚重更大范围内的交流,借重梦境的象征意义,还重视一般情况下不被注意的小事;这些小事不受体内无意识抑制力的支配。弗洛伊德的心理学发现十分可观,但他未能提出一种交流的理论。如今,弗洛伊德的理论已奠定多年,但心理分析中仍然缺乏系统描绘医患交流的方法。

诚然,弗洛伊德的无意识理论富于革命性,但他认为无意识不能直接检查,这将成为进行进一步的系统分析的障碍。许多人不赞同弗洛伊德的心理学图式,已故的华盛顿精神病科医生哈里·沙利文(Harry Stack Sullivan)[①]认为,无意识是人格里不为人觉察的分裂层面。他的表述对社会科学家很有价值,因为这些观点为深入研究扫清了道路。他认为,每个人都有一种理想的自我(ideal self),我们赞许这样的自我;也有若干不那么吸引人的自我,其中一些令人恶心,只有很坚强的人才能容忍。因此他认为,日常生活中实际的自我是多种行为模式的大杂烩,并将其称为精神动力(dynamism)。这些动力是与他人整合的方式。其中一些是自己能觉察的,但另一些精神动力是分裂的、隐蔽的,不被自己察觉,却向他人袒露。换言之,人格中的相当一部分不为自己所知,却被他人所见。这个观点似乎骇人听闻,却很重要;其含义为人所知以后,其重要性将日益彰显。实际上,沙利文的说法是:除了对自己隐而不显之外,无意识对他人未必是隐蔽的。个人隐藏的无意识是幼年生活中不受赞许的行为。对本人而言,这些人格层面是分裂、隐蔽的;但训练有素的人能看见并对其进行分析。

沙利文贡献卓著。这有助于驱散精神分析领域中的许多迷雾,拓宽了研究人际交往过程的视野。

弗洛伊德和沙利文都大量吸收人类学的研究成果。弗洛伊德间接地吸收,用以支持自己的观点;沙利文更直接地用人类学来支持自己的观点。沙利文与当代最伟大的描述语言学家、现代描述语言学的

---

① 哈里·沙利文(1892—1949),美国精神病医生、精神分析学家,著有《现代精神病学概论》《精神病学的人际理论》。

奠基人爱德华·萨丕尔密切合作。心理学家借鉴人类学,以更好地了解作为社会存在的人,而人类学家则借鉴精神分析理论,以提出更令人满意的文化理论。在人类学家借鉴的诸多理论中,最有意义的一条是,文化有两个层次:显性的(overt)文化和隐性的(covert)文化。显性的文化能看见,且容易描述;隐性的文化看不见,连训练有素者也难以观察。向学生和普通人讲授这个理论时,人类学家常用冰山这个比方。但人类学家不久就发现,显性文化和隐性文化的理论不足以描述文化图景,于是,克莱德·克拉克洪等人类学家就开始探讨明晰的(explicit)文化与隐含的(implicit)文化。明晰的文化,比如法律,是可以谈论而且说得很清楚的文化,相反,隐含的文化,比如成就感,则是人视之为理所当然、能隐约感觉到的文化。

　　有关各种文化(包括我们自己的文化)的隐含的假设已有不少论述。这一路径成效显著,产生了许多有价值的见解。然而,克拉克洪这个"明晰—隐含文化"的概念的抽象层次太高,难以在其基础上构建理论。美国人生活中隐含的假设之一是,耕耘必有收获,这一发现也许能解释我们的许多行为,但难以与其他类似的洞见结合起来,难以形成对美国生活的更广泛的概括。就像其他许多抽象的文化观念一样,这一观念难免使我们发问:"下一步该走向何方?"虽然这一观念太抽象,但由于它认为有些文化成分能言说,有些则不能,所以它仍然具有不可抹杀的价值。它提供的例子说明,我们如何从两个层次上去考察行为。

　　弗洛伊德区分了意识和无意识,沙利文区分知觉(in-awareness)的层次和"超乎知觉"(out-of-awareness)的层次。已故的拉尔夫·林顿等人类学家论述显性的文化和隐性的文化;克拉克洪等人类学家使用的术语是明晰的文化与隐含的文化。这些术语既用来说明行为底层的假设,又用来描绘控制行为的模式。这种两极分析法很快传播到其他领域,比如政治学和科学管理。这两门学科用显形和隐形两分法来描绘行为模式、管理程序和组织结构。这种两极范畴使我们能作出重要的、前所未有的区分。而且,它们符合美国人看事情两极对立、非黑即白的倾向。我们以两极对立的方式思考问题时,驾轻就熟,所以我们接受两种范畴的路径就比较容易;相反,三种范畴的思维方式对我们来说就比较难以接受。然而,这正是我在此提出的建议:三个层次的文化理论。我用显形的、隐形的和技术性的这三个术语来命名文化的三个层次,但给它们赋予新的意义,其意义还有所拓展。

特雷格和我长期、仔细地观察美国人使用、谈论和对待时间的方式,提出了这种文化三分法的理论。我们的观察揭示:我们有三种时间,而不是两种时间。显形的时间(formal time)尽人皆知,人人视之为理所当然,它深深地嵌入人们的日常生活;隐形的时间(informal time)与情景相关,表现为不精确的"一会儿""稍后""马上"等;技术性的时间(technical time)与前两种时间截然不同,是科技人员使用的时间,非专业人士不熟悉其中的术语。我们观察这些时间系统,看其是如何被使用和学习的,并且探究了这些时间的历史,所以我们能够证明,其他生活领域也受到显形、隐形和技术性这三种范式的制约。换言之,我们发现,人们不是有两种行为模式,而是有三种行为模式。我们概括的三种时间应用范围之广,远远超过起初的设想。

滑雪运动是一个很好的例子,能够说明显形、隐形和技术性这三种模式。几年前,在洛基山脉冰雪覆盖的西坡的格兰德湖边的一个小镇上,人们有一种传统,冬季人人都用滑雪来代步。新到当地学校的教师必须学会滑雪,连校长和学校的乐队成员也用滑雪板代步。一学会走路,小孩子就学会了滑雪。看他们滑雪时,你会觉得,滑雪板真像他们腿脚的延伸,很适合他们。每个人都形成了很个性化的风格,就像走路一样与众不同。滑雪比赛时,有些村民自然技高一筹,但许多人并不参加比赛。重要的是人人都滑雪。毋庸质疑,这种生活方式很合当地人心意。滑雪是日常生活的一部分,人人视之为理所当然,这就是一种显形的传统,"显形"是我们在本书里反复使用的术语。

与此同时,在丹佛及其附近的小镇上,不怕冷的人常把滑雪当作娱乐,视之为业余活动。他们没有什么压力,只是喜欢户外运动。一些人滑得好,一些人技不如人。他们滑雪是为了好玩,为了运动,既能欣赏山区的美景,又有交朋友的乐趣。至于自己是怎样滑的、用了什么技巧,或者如何传授这些技巧,他们都不甚清楚,只是说:"瞧我的动作,"或"这样滑。"他们大概只能讲到这一步。我永远忘不了我的一位朋友第一次滑雪的情景。他多次观察小镇人每周一次进山滑雪的情景,最后决定加入一试。他是一名出色的运动员,曾获得金手套冠军奖,身体的协调和控制能力自不待言。可是,一套上滑雪板,他就出了洋相,结果很悲惨。刚一迈步,他就摔了个四脚朝天,被滑雪板绊住,难以站起来。初学者总是困难重重,如要迅速解决困难,就需要熟练的技术性分析。遗憾的是,业余滑雪人至多只能说:"屈膝,然后开始滑,你会找到窍门的。"他们的滑雪概念是隐形的,对这个观点的最佳表述莫过于"你会找到窍门的"这句话了。

西坡的镇民自然而然地学会了滑雪。丹佛市的业余滑雪人每周一次进山"朝觐"。与此同时,有人用成千上万英尺的胶片在阿尔卑斯山为专业人士拍片子,技艺高超的运动员冲下山坡、拐弯、爬坡和骤停的全过程被拍摄下来进行分析,其动作被分解为所谓的成分和元素。不久他们便发现,滑雪不是有天赋的人独具的高明技术。凡有耐心者,只需有一点点身体控制力,都能学会,因为分解动作已经被呈现,可以从技术的角度去谈论,还可以描绘。此外,经过技术培训以后,新手都技艺惊人,进步速度趋于一致,滑雪运动便迅速普及,极受欢迎。人们都不想事倍功半、半途而废;有了新的教学法以后,几个小时就足以掌握基本技能,获得足够的信心,新手也开始觉得好玩了。

上文曾经假设,一切文化行为都有生物学基础。鉴于此,我们也许可以断定,生活中显形的、隐形的和技术性的文化行为都植根于人

第四章
文化的三个层次

的生物有机体。遗憾的是,神经系统的生理机制与行为之间的微妙关系,依然是相当神秘的。目前,我们至多只能说,我们可能发现,这三类行为源自神经系统的不同部位。我们可以从一个行为特征推导出这个观点,这是人人都经历过的行为特征。这个特征是:在显形、隐形和技术性的三个文化层次中,如果你想同时做一个以上的动作,那是极为艰难的,必然导致瘫痪的结果。业余打字的人都知道,如果心里想着手指的技术动作和键盘上字母的位置,他就会遇到麻烦。对初学速写的学生,老师的忠告是"要让手指习惯",或熟能生巧,否则就快不起来。我的一位朋友是神经精神病科医生,他曾经指出:有人从事一个层次的活动时,若有人要他注意另一个层次的活动,那就会打断他连贯的思路。他举的例子是,母亲生气,骂儿子,儿子突然抬起头望着她说:"嘻嘻,妈咪,您生气时嘴巴很滑稽。"这可能会使母亲息怒,使她瞠目结舌。麦克林(Paul MacLean)对人脑三合一的研究支持我们的假设。

有关显形、隐形和技术性文化的三层次合一,还有一点须牢记:其中之一占主导地位,但三者都存在。再回头看滑雪的例子。显而易见,即使那些只有隐形技能的人也必然卷入技术性文化的层次,否则他们就难以谈论滑雪的细节。而且,每个人都有各自的(隐形的)风格,但这种个人风格是以隐形技能为基础的。如果比较一下三种类型的滑雪者,就可以看出来,来自山区的显形技能的滑雪者与来自平原的隐形技能的滑雪者之间的共同点比较多,他们与欧洲技术性层次的滑雪者之间的共同点比较少。当然,专业滑雪者非常迅速地形成了自己新的隐形系统。例如,虽然科学本质上被视为技术性的文化层次,但实际上,科学建立起了大量隐形的、无人置疑的系统。这些系统与科学方法论有关,重视科学社团的成员坚持科学研究的客观性,强调对自己的研究和别人的研究的诚实。事实上,大量科学名目下的东西,如果被纳入一个新的隐形系统,也许更为恰当;这个新的隐形系统正在迅速取代或改变旧的隐形系统,旧系统以民间信念和宗教为核心。

与医学研究相比,大多数医疗实践倒能更恰当地纳入隐形系统一类。这并不是对医生的批评。即使他们没有确立隐形的系统,患者也会迫使他们努力为之。所谓社会科学或行为科学也充满了程序性的仪式;研究生学会这些仪式,然后传授给自己的学生。据报道,一位热心的社会学家制定了一套指数,用以测定论文的"科学性";其根据是正文与脚注、正文与统计数字的比例!

4.1 显形的学习

显形的学习活动是通过规诫来传授的。成年的师长按照他本人坚信的模式来塑造年轻人。他们会指正儿童说:"男孩子不许那样,"或"你不能那样。"其口吻表明,那样的事情不可思议。在说话者心中,他自己的地位、其他成人的地位是毋庸置疑的。父母纠正子女说:"不能说 goed,要说 went!"这种交流旨在表明,其他形式是不可接受的。每当犯错误而有人纠正时,几乎总是可以学到显形的模式。技术性学习也始于错误和纠正,然而,这种学习中的口吻却有所不同;学生会听到纠正的理由。如今,许多家长和教师所犯的一个错误是把显形行为的解释和技术性行为的解释混为一谈,用后者来解释前者。这就给孩子一个错误的信号:孩子还有其他选择,一种形式的行为与另一种形式一样好。这是一个严重的错误。显形学习是二元对立的,是非、黑白分明。打破或遵守禁忌,二者必居其一。同理,你是否偷了邻居的椰子,二者必居其一。你说 boyses 或 boys,非对即错。聚沙成塔、集腋成裘,一个显形的系统逐渐形成,谁也不会怀疑了。

4.2　隐形的学习

隐形的学习全然不同于技术性的学习或显形的学习。其主要中介是一种供模仿的模式。一系列的相关活动是同时学习的。在许多情况下,当事人浑然不知,他正在学习这些活动,亦不知道有模式或规则管束这些活动。孩子有事不懂问妈妈,妈妈会说,"乖乖,稍大一点儿你就会懂的,"或者说,"瞧瞧周围,看看人家做什么,用眼睛观察!"每当听见下面这样的对话时,我们就可以断定,其中所说的活动一定是隐形的:"妈妈,女人要怎样才能使男人娶她呢?""哟,这就难说了,不过你长大以后就会明白的。你有很多时间学习的。"孩子经常听到这样的回答以后,自然而然就会把这些话翻译为:"别问了,看看周围,看看人家怎么做的。"在美国,这种隐形学习最重要的领域是性。性的知识多半是通过隐形的途径学到的。这也许能说明,人们为何对性抱一种病态的痴迷。阿尔弗雷德·金赛(Alfred Charles Kinsey)[1]试图系统整理已有的性行为知识时,常常遇到这样的问题:"你怎么知道的?你在场吗?"

好莱坞的特点之一是,他们传授的多半是应该用隐形方式学习的东西,但他们雇用专家以技术性方式去传授。有一个例子颇能说明问题。一对影星的孩子看见邻居的一个孩子爬树时,马上想知道,谁是教他们爬树的老师。

由成千上万的细节构成的全套行为系统代代相传,但谁也说不出其中的规律。只有在这些规律被打破的时候,我们才能意识到其存在。比如,我在给出国人员授课时曾问,美国人见面直呼人名、不称其姓有什么规律。他们只能含糊其辞地说几条,不久就支支吾吾、智穷

---

[1]　阿尔弗雷德·金赛(1894—1956),美国生物学家、心理学家,以研究人类性行为著称,著有《男人的性行为》和《女人的性行为》等。

力竭，最后不得不说，"这种事大家都知道，但要解释，就很难说清了"。

无意之间，许多人意识到，模式是有效的学习手段，是隐形学习的主要工具。大体上，美国妇女更容易意识到模式学习的有效性；不过她们也容易忽略模仿的实质，那就是：模仿是习得恰当行为的方式，即成为社会成员的途径。人人都见过少年模仿父亲的步态或电视中的英雄的样子，或者见过最坏的情况：少年在杂货店附近游荡，模仿剧中的歹人。许多时候，虽然母亲不清楚有什么反对的理由，但她不赞成孩子选择的模仿对象。由于强烈的反对，她可能会干扰孩子早期的模仿学习，削弱他们进行隐形学习的倾向。

4.3 技术性的学习

纯粹的技术性学习接近于单行道，通常是老师向学生传授，语言明快，有口头传授和书面传授两种形式。常常以这样的程序展开：开头作一番逻辑分析，接着是严谨的提纲挈领的讲授。技术性教学的最佳实例见之于军中。为了训练大批新兵，教学的技术性细节被制定得详尽无遗。军界的成功教学进一步证明，技术性学习是培训大批学员的必然手段。和隐形学习不同，技术性学习不那么取决于学生的才能和适当选择的范本，而是更多地取决于分析和讲授教材的能力。

第二次世界大战期间需要大量训练有素的技师。起初有人设想，有机械才能的人可能会成为优秀的地勤机械师。但仔细的分析证明，这一设想并不正确。后来发现，优秀的鞋店售货员会成为军中优秀的机械师，而大半生修理T型福特汽车的机械师却略输一筹。关键不在于学员的机械才能，而在于他是否会听老师讲解。军队编写的教材详尽无遗，结果，最优秀的机械师往往是紧抠教材、亦步亦趋的学员。军队里最忌讳的是自作聪明、在装备维修上固执己见的人。

现将三种学习做一小结。显形的学习是一个双向的过程。学习者尝试、犯错误,然后被纠正("不行,不能从马的右边上,要从左边上。记住,绝不能从右边上!")。隐形学习往往带有情感。隐形学习多半是挑选模仿对象的学习,有时是刻意的,但多半是不知不觉的。在大多数情况下,范本不参与学习过程,仅仅是模仿的对象。技术性学习反其道而行之。这种学习倚重老师的教学技巧,他的教学能力是他的知识和分析能力的用武之地。如果分析清楚,讲解透彻,他甚至不必面授。他可以编写教材,或者录制音带。在现实生活的任何学习情景中,我们都发现,三种学习并存;不过,总有一种形式占主导地位。

4.4 显形意识

与其他许多社会相比,我们的社会并未赋予传统异乎寻常的分量。就约束力而言,即使我们最强大的传统也难以和其他文化里平常的传统相比。例如,新墨西哥州的祖尼人(Zuñi)就有一种威严的隐形的文化系统,给族人施加沉重的压力。谁要是无视社会的压力却又想在部落里长期逗留,那是根本不可能的。除非想离开部落,和陌生人一起了却余生,否则谁也不敢违抗传统,祖尼人只能顺从传统。美国人强调隐形的文化,却以牺牲显形的文化为代价。不过,在一些相对封闭的地区,比如以前的新英格兰和南方的某些地区,传统在生活中却极端重要。这种显形意识主导下的生活方式,在诸如马昆德(J. P. Marquand)的小说《已故的乔治·阿普利》(*The Late George Apley*)里被抹上了一丝优雅的色彩。显形意识的生活态度表现为禁不住惊讶地反问:"还有其他的方法吗?"具有显形意识的人更容易受传统的影响,不太容易受当前或未来的影响。小说主人公阿普利所谓的"什么正确,什么就应该存在",就是显形意识。

4.5　隐形意识

隐形意识这一表述本身就是悖论，因为它描绘的情景是：大多数事物几乎是完全"超乎知觉"的。然而，这个术语里并没有任何隐蔽的意义。实际上，一旦知道如何寻找清晰的迹象，文化里是否真有隐蔽的东西，就值得怀疑了。

在隐形的活动中，不知不觉的状态自然使模仿容易进行。稍微想想就会发现，行走或驾车时，一去想动作的过程，平稳的动作就可能受阻。同理，在写作或谈话时，如果主观意识太强，那就可能妨碍动作的进行。可见，隐形的活动是过去习得、业已和日常生活难分难解的活动，已成为自然而然、不假思索的活动。事实上，一旦大脑参与思考，隐形的活动就遭遇拦路虎了。

长期以来，隐形活动的特征已经以这样那样的方式为人所知，至于其在生活中渗透的深度和广度，却谁都不知道；隐形活动不在知觉范围之内，这一特性常常给跨文化交流带来无穷的困难。美国人觉得英国上层阶级的语调矫揉造作，便是一个例子；如果不能正确理解，隐形活动就会成为障碍，影响来自不同文化背景的个人进行交流。

然而，上述内容不能与神经症相混淆，神经症患者在人格的某些方面也是超乎知觉的。心理学文献里充斥着分裂行为、无意识行为的案例，但这些都是异常行为，不能与正常的隐形活动混为一谈。

4.6　技术性意识

一切技术性行为都既包含了显形意识的成分，又包含了隐形意识的成分，其特征是完全有意识的行为。一切技术性行为明白显豁，能被记录下来并实现远距离传授，这又使之与其他两种类型的整合判然有别。一切技术性行为的本质是，它处在最高的意识层次上。科学在很大程度上就处在最高的技术意识层次上。

4.7 显形情感

情感（affect）是心理学家的专业词汇，用以描写与思维相区别的感觉。非专业读者也许更爱用"情绪"（emotion）或"感情"（feeling）来代替"情感"。无论何时，规范一旦被打破，总是会引起情绪的波动。人们对显形的文化系统有强烈的感情；你可以将其设想为一根强大的支柱，伴人终生，由此去体会人们对这种系统的感情。如果拿掉这根支柱，你的生活基础就会摇摇晃晃。几乎在一切情况下，显形的文化系统都与强烈的情绪相关联。

在一定程度上，已故的克拉伦斯·达罗（Clarence Darrow）①的成功可归因于他的辩护策略，他善于用显形的文化系统来影响陪审团。达罗一直是颇受争议的人物。许多人视他为恶棍，因为他使应该坐牢的盗贼和凶手脱罪。今天，他仍然令人感兴趣，不过，写他的人常常从新的角度去看待他。他们喜欢强调他的博爱之心，而不是他精通法律的本领。法律讲究专业性，干巴巴，冷冰冰，这正是当代社会的重大弊端。达罗身着皱巴巴的套装，诉诸普通人的情感，和他们是同类型的人，所以普通人认同他。和普通民众一样，他是淳朴的乡巴佬，却比精明的城里人更聪明。显然，除了谙熟法律之外，他还深知自己的文化。他意识到，多数人并不理解法律，却决心维护自己的显形文化系统，见其被糟蹋时会悲痛欲绝。这就是达罗的力量所在。唯有一次他未能

---

① 克拉伦斯·达罗（1857—1938），美国著名律师，在许多刑事、劳工案件中任辩护律师，尤其在著名的"猴子审判"中名震一时。他为因传授进化论而获罪的中学教师约翰·斯科普斯（John Scopes）辩护，在田纳西州的戴顿（Dayton）市出庭，大获全胜，击败著名的政治家、原告律师威廉·杰宁斯·布赖恩（William Jennings Bryan）。

利用这种力量;1932年,他应聘去檀香山为梅西案(Massie case)[①]的被告辩护。在那里,他面对的陪审团成员维护不同的显形文化系统,他的策略无法打动其中的华裔,因为这种策略植根于夏威夷的白人文化。

在时间的流程中,显形文化系统越来越难以撼动,最终与自然过程融为一体;于是,其他的行为方式即使不被视为不可能,至少也不会被视为不自然了。不过,这种僵化自有其好处。在这种显形文化系统中生生死死的人,往往自得其乐,随遇而安,比谁都轻松达观。这是因为,在这些人的生活中,行为的界限被清楚标定,连被允许的偏离行为也是界限分明的。谁也不怀疑,只要他遵守规范,他就能指望别人也遵守规范。拉丁美洲的天主教与美国的天主教有所不同。拉丁美洲人普遍信奉天主教,美国人的宗教信仰却带有技术性文化的倾向。凡是熟悉这两个地区宗教信仰差异的人,都可以将其作为一个极好的例证,说明具有同一宗教信仰的人可能作出迥然不同的反应;由于实施过程中宗教信仰有显形、隐形和技术性三个层次,人们的反应自然就有差异了。

4.8 隐形情感

只要事情相沿成习,遵循不成文、未言明的规矩,隐形行为就罕有或没有情感色彩。但是,当不言而喻的规矩被打破时,立即就会使人不安。如有人站得太近,或鲁莽地直呼别人的姓名,那就会使人感到极度不自在。下一步发生的事情取决于该文化对付焦虑的种种选择。我们的方式是脱离接触,或感到生气。然而在日本,男人可能会报之以神经质的傻笑或大笑。此时,可供选择的反应相当有限,近乎自动。

---

① 梅西案,被告梅西被控犯强奸罪,达罗为其辩护,未能成功。这一案子案情不清,争论不休,直至21世纪仍余波未了。

相比而言，隐形情绪反应的余地远远少于人们的预期。重要的是，偏离规范的情绪性反应的习得过程是通过隐形的途径，是有局限的，因为人们并没有意识到，还有其他的反应方式。语言里有一种类似的情境。说英语时，表示提问的最普遍方式之一是结尾用升调。其实，还可以用其他抑扬顿挫的方式来表示问题，但说英语的人并没有想到这样的可能性。在这种情况下，选择的手段有限，似乎就"自然而然"了。

4.9 技术性情感

技术性行为的特征是抑制情感。因为这种行为往往对情感产生干扰的作用。专业拳击手与业余拳击手的最大差别之一是，后者容易动怒，而前者能保持冷静，不动肝火。科学家对工作的冷静态度众所周知，无须赘述。一般地说，只有技术性的游戏规则被打破时，技术性人员才会动感情。技术性基础一旦奠定，坚守这个基础似乎就极端重要了。

因为技术性行为很明显，所以在我们的社会里，它们使人联想到权威、法律和其他体现无通融余地的结构。母亲被激怒时，她会叫孩子的大名，要孩子守规矩。孩子马上意识到，自己已经越轨，妈妈要动真格的了。隐形行为和技术性行为常容易混淆。比如，隐形行为以技术性行为作支柱。在一切手段无效、一筹莫展时，人们就常常求助于技术性手段。

偏离规范的种种行为错综复杂。例如，儿童出轨之前不知道规矩何在。大人的责备成为黏合剂，使其生活中的各种系统黏合为一个整体。通过不断摸索的尝试和错误，儿童才能发现自己是否违背了显形的、隐形的和技术性的三个层次的规范。不同文化的规范差异极大。在我们这样一个多样性文化的范围内，一度显形的东西可能变成隐形的东西；一个群体认为是技术性的事情，可能会被另一个群体视为隐形的事情。再回头说儿童,有一点看来很重要:虽然给他们一些选择余地,但他们应该知道规范与界限何在,以便不越雷池。他们还必须知道,有些规范相当稳定,不会移异,是终生的依靠。从理论上来看,显形、隐形和技术性规范的关系是极端重要的。

4.10 对变革的显形态度

显形系统的特征是顽强的韧性,它能满足一切社会和个人的深刻需要。如果没有这种一以贯之的韧性,生活就不可能运行。起初,在远古的脊椎动物身上,本能或先天的行为模式使生命机制始终如一。后天习得行为的来临成为又一个适应机制,本能的作用随之退化;在人类身上,本能的作用就微不足道了。显形文化的作用接近于本能。人人都借重显形文化,它仿佛是人的本能。显形文化成为根基,文化的其余部分概源于此,且围绕其进行构建。

除特殊情况外,显形文化的变化非常缓慢,几乎不可觉察。它顽强抗拒外界强加的变革。我们在海外工作的技术人员如今已深知显形文化的这一特点,但人们很难得认识到这一特点,所以海外的美国人常常有这样的印象:其他民族的显形系统是不必要的、不道德的、疯狂的、落后的,是陈腐价值的残余,美国人早就弃之不用了。美籍黎巴嫩社会学家阿菲夫·坦努斯(Afif Tannous)讲过这样一件事:有些阿拉伯地区的村民不让外来人清洁一个被伤寒菌污染的水池,不许他们安装水泵。读者或许会问:清洁水源是好事,哪一点违背了他们的隐形规范呢?我们可能会觉得奇怪,但村民却喜爱那样的水,因为那种水有强烈的骆驼味,几乎是神圣的。如果男人强壮、勇武、生育力强、精明能干,那是水的功劳。在有些阿拉伯地区,饮用清洁水被视为懦弱的表现。乡下人认为,疾病和饮水没有关系,反而认为,那种水使男人强壮。如果婴儿死亡,那是安拉的意志。谁敢违抗安拉的意志呢?这个故事突出说明,有必要首先理解并接受其他民族的显形文化系统,然后才能在他们中间有成效地开展工作。

亚历山大·莱顿(Alexander Leighton)的杰作《治人之道》(The Governing of Men)中有一个例子也意义深刻,给人启迪。在第二次世界大战期间,日本侨民集中营的领导层误解了日本人的显形系统,使政府推行的计划困难重重,罕有进展。误解消除以后,这些显形系统派上了用场。美国当局的错误在于,企图按资格来选择日本人的领班。看来,这是一个自然的错误,因为美国人一直很强调技术能力。日本侨民失去了财产,被强制关进集中营,他们都忍受了,并没有丧失耐性,但当局挑选领班的事情发生以后,他们终于忍无可忍,举行了罢工。他们被激怒的原因是,美国人全然不顾日本社会里极端重要的等级制。解决这个问题的办法,就是必须允许拘留营的日本人推选自己的领班,让他们选出地位适当的人当领袖。这些德高望重的老人不会说英语,对工程技术一窍不通,但那无关紧要。他们会立即挑选一些年轻的工程师来担任顾问。

感谢约翰·伊文斯(John Evans)给我提供的帮助。他的父亲梅贝尔·道奇·卢简(Mabel Dodge Lujan)曾担任北普韦布洛部落管理局负责人。伊文斯本人年轻时长期在陶斯(Taos)印第安人中生活。他的经历就是一个极佳的例证。陶斯人是非常自立的民族,他们小心翼翼地保护自己的文化,严防白人,连怎样说"谢谢"也是秘密,不让白人知道。这就使政府的代表极难在他们中间开展工作。伊文斯说,他们寻找与陶斯人共事的农技推广人员,却遇到困难。最后好不容易选中了一个年轻人喜欢这一工作,他小心谨慎地接近陶斯人。起初一切顺利,他似乎就是承担这一棘手工作的不二人选。可是,当春天来临时,这位农艺家郁郁不乐地到阿尔布开克(Albuquerque)去见伊文斯。伊文斯问:"怎么啦?瞧瞧你愁眉苦脸的。"年轻人回答说:"你说得对,我感到沮丧。不知出了什么事,印第安人不再喜欢我了。无论我说什么,他们都不听。"伊文斯答应尽量查清问题所在。在下一次部落议事会召开时,他前往调查。他将一位老人请到一边,问他部落里的人与那个年轻人之间有什么事不对劲。那位朋友盯着伊文斯的眼睛说:"约翰,有些事情他就是不懂!你知道,约翰——试想……"

伊文斯恍然大悟。陶斯人认为,春天的大地母亲正在怀孕。为了保护地表,陶斯人去镇上办事也不赶马车,连马掌都要揭下来,自己也不穿硬底鞋。但我们的农学家竟然要搞春耕!

然而,不同文化中的不同显形系统之间却时常发生冲突,并导致悲剧性后果。西班牙人在征服新世界的战争中之所以能掠取大片土地,原因之一是,他们的显形系统与印第安人的显形系统截然不同。

西班牙人为屠杀而战,阿兹特克人为捕俘而战。和北方的平原印第安人一样,阿兹特克人不知道如何对付为杀人而战的敌人。因为这是一个显形的系统,所以阿兹特克人就难以及时改变这种显形的行为模式,难以拯救自己的生命或社会。同理,在第二次世界大战中,有些美国战俘不能适应日本人对尊者表示敬畏的行为模式,因此就未能免遭不必要的酷刑。日本人显形的生活观念是,人与人之间必须有一种秩序,其表现是,人们要接受并显示自己在等级制中的地位。对地位高的人说话必须要彬彬有礼,尊敬表现为深深鞠躬,但上身笔直。美国俘虏觉得,鞠躬有失尊严。而日本人则认为,不鞠躬是极端的不恭,威胁着生活的根基。

显形系统的模式涵盖面宽,个人可以在其范围内填补活动的细节。只要不越出模式的界限,生活就很平稳。如果越界,便会遇到麻烦。例如,两个人相约在上午过半的时候或稍晚一点的时候会晤,如果一人迟到5分钟,当然不至于有大问题,只需道一声歉就可了事。尽管我们的显形文化系统说,人应当守时,但也留有一定余地。违反规范的情况主要有两种:一是大大背离可允许的界限,显然是刻意违抗规范的习俗;二是无视可通融的余地,转向技术性的系统:即使对方迟到20秒钟,也一定要人家道歉。

4.11 对变革的隐形态度

如果对隐形系统的处理不当,往往会导致严重困难,而且情况很可能恶化,因为参与者并未充分意识到正在发生的事情。他们只知道,在一系列不成文的规则下,他们能以某种方式行事,还能指望他人也作出相应的反应。两种模式在我们自己的文化里冲突时,或者在更熟悉的跨文化情境中冲突时,这种隐形的期望常常会遭遇挫折。

多年前,西部曾发生过一场旷日持久的跨文化冲突事件,令人心烦。由于谁都没有马上意识到正在发生的事情,结果导致一出荒唐的悲剧,长达二十年都难以落幕。发生冲突的两种文化是西班牙文化和美国文化。长期危机的核心是这两种人对法律、政府和家庭所持的不同看法。拉美西班牙人的家庭规模大,稳定性强,影响力也大,令我们难以置信。相反,他们的政府在诸多事务中的地位却不如我们的政府重要。在拉美国家里,如果发生了什么事或需要做什么事,家庭比政府更能妥善处理。与这种隐形的传统相关的,是不同于我们的法律观念。在拉美,法律固然用技术性手段(书面法条)来执行,但以家庭关系为中介。在我们看来,法庭尤其是执法官不应该严厉,而应该遵循文化的隐形系统的要求。这就是说,法律不应该比文化的其他方面更加严酷。如果它对人民过于苛刻,那就必须被修改。美国人觉得一条法律不公正或无意义时,他很可能会以身试法;当然,如果他认为一条法律实用而明智,那就是另一回事了。

在这个西部城镇,西班牙模式和美国模式的冲突表现在限制车速的执法过程中。那个镇上的居民和政府机构中的人员多半是西裔美国人。多年来,镇上有一位带有西班牙文化传统的警官,名叫桑丘,他骑摩托车执勤。他的工作是巡视通往郊区的公路和两条国道,限制时速15英里。他工作勤勉,在小镇居民中名声大噪,连在附近居住的"美国人"都很熟悉他。他严格执法,时速16英里的驾车人一律拘留,罚款12.75美元;在大萧条的20世纪30年代,这笔钱不算少。

那些西裔美国人被传到法庭上受审,审理案子的法官中通常有一位是被告的表兄或表叔,于是,他们就被无罪释放。但"美国人"却罕有这样的运气,他们越来越气愤不平,最后就策划报复桑丘。有一次,他们诱使桑丘以时速60英里的速度追赶,结果他冲出公路而摔断腿,再也不能骑摩托车。可是,他康复出院回家后,却买了一辆高速跑车,重操旧业。但在此后的十几年间,他的生活就成了一连串的"事故"。他不再相信任何人,拔出手枪,拘捕任何超速行车的人。即使如此,他也难免皮肉之苦,那些时速才16英里就被拘捕和罚款的英裔美国人仇视他,毒打他。我们可以原谅这些"美国人",因为他们不了解,这两种文化对同样的行为持截然相反的看法,并且将隐形的行为纳入了它们各自系统的不同部分。西裔美国人认为,从技术上讲,法律就是法律,时速16英里是违法。只有遭到拘捕以后,他们才诉诸隐形的文化,转向亲戚文化系统,以对付那个虚弱的政府。相反,英裔美国人在解释何谓违法时,却留有一定的隐形的余地;不过,一旦法律机器启动,他们往往就严格守法,说一不二(技术上严格)。桑丘那种死守时速15英里的观念既违反我们对法律的态度(这些法律应该合理),还和我们隐形的对变通的理解相抵触。桑丘的遭遇的根子在于,从来没有人向他示范,如何与英裔美国人打交道。

总体上说,美国人没有拉美人那样富有弹性的法律系统。我们隐形的系统说,利用权势应受谴责,公务人员更不能徇私枉法。在执法问题上,我们绝少允许通融的余地,因为除非犯傻或有罪,否则谁也不会去犯法。美国人也可能犯法,然而,一旦法律机器开动,谁也不愿意去干预了。我们是美国文化的产物,有可能在海外陷入困境,因为海外的执法者可能缺乏我们那种隐形的通融余地。我们在国外难以找到使法律容易忍受的变通办法,即使找到了,我们也踟蹰不前,不敢利用,因为这与我们自己的隐形系统相背。我们真正喜欢并通常坚持的是让他人改变系统,使其像我们美国人的系统那样"合理"。

当然,万事都有一点隐形的通融。在海外旅行和工作的人感到困惑的是无从知道,通融的余地嵌入了什么样的情境。更困难的是,当地人也无法描述这方面的规则。再者,数年之内,一个极少弹性的隐形系统有可能变得很灵活。例如,阿拉伯人对妇女的态度就变得很快,千百年来保有的观念已不复存在。

4.12 对变革的技术性态度

美国技术人员准备出国援助时,必须要提醒他们注意:避免引进那些违反显形规范的变化。他们也许会问:"那么,在哪些方面我能帮助当地人自立,同时又不触犯他们的显形和隐形规范呢? 在哪些领域,我才能真正控制事情的进展呢?"回答当然是在技术性领域。在这方面,你可以轻而易举地引进变革,同时又不违背其余两个系统的规范。在设计并制造诸如汽车发动机、燃料、油料和金属、抗菌素和医药等产品的过程中,我们美国人不断前进,没有遭遇挫折;同理,那些技术进步不如我们快的国家也苦于实现类似的变革。引进的任何变化都必须是在技术性领域,否则,引进的变革就必须是全新的系统。例如,在许多拉美国家,飞行就走在马车和汽车的前头,马车和汽车尚未普及就有人乘飞机旅游了。在这些国家里,修建机场比建造公路网容易。这种跳跃式的技术发展也被应用于非洲。

不过,技术变革通常是小的变化,和运作的细节有关系。你可以改变一台发动机的内径和冲程而不改变它的总体设计;改变一个螺旋桨的螺距以符合特殊的条件;改变一座住宅的建筑材料而不违背决定总体设计的显形规范;可以给木犁装上钢铧而不触犯显形规范;可以生产粉剂或液态的杀虫药以符合当地的习惯;可以改变强调的重点,从"使土地更多产"转向用肥料"滋养"土地——这样的现代农业更容易被印度尼西亚人接受,这是因为当地人的显形宗教信仰使之避免控制自然。

近年来最非凡的变革之一是由玛格丽特·米德披露的。她描绘了南太平洋马努斯群岛(Manus)上独具特色的岛民。他们对文化持技术性的态度。显然,这是他们的有效传统;没有证据表明,他们能在不扰乱自己生活的情况下转而接受其他的态度。他们有意识地用自己的文化进行实验,拆开,重组,观察其在不同的组合中如何运行。因为这样的倾向,战时与美国人密切接触以后,马努斯人自然就形成了新的行为系统和新的社会组织方式;这是必然的结果。事情正是这样的。表面上看,马努斯人做了一件不可思议的事情。他们坐下来说:"让我们组织一个新社会,使它与外部世界更加协调一致。"他们没有坐等变革来临,让变革逐渐压倒自己;他们也没有纷纷出走,淹没在白人之中。相反,他们坐下来商议,从头开始设计了一个崭新的社会。如果从对待生活的技术性态度来看,当然还不是很清楚他们的显形文化核心何在,取何形式。一种观点认为,马努斯岛上的变革是相当外表和边缘的变革,变革围绕着更稳定而持久的核心。他们的变革和普韦布洛人的变革有点相似:普韦布洛的陶工可能会对陶罐的图案设计做一些变异,却不太可能改变其造型、上釉或烧制的方法。

著名的新墨西哥陶工玛丽亚提供了一个出色的例子,说明微小的变化何以发生深远的影响。她的陶艺是间接从墨西哥学来的,普韦布洛妇女的陶艺已有1300至1500年的历史。

普韦布洛妇女的制陶过程异常保守,尽人皆知。自第一次世界大战前夕起,她们的陶艺就每况愈下。这说明,普韦布洛人生活里的整合力量正在丧失。和白人相比,他们在社会经济阶梯上的地位不断下

第四章
文化的三个层次

降,逐渐失去自尊,如果不是出现了三个关键人物,谁也不知道会酿成什么样的后果。这三个人是玛丽亚、她的丈夫朱利安和人类学家肯尼思·查普曼(Kenneth Chapman)。玛丽亚和朱利安是熟练陶工。查普曼注意到这一衰象,致力于复兴其工艺,他助了一臂之力,偶尔帮玛丽亚描绘一些图案。这就是导致大变革的小变革之一。玛丽亚是圣伊尔德丰索(San Ildefonso)地区最出色的陶工。她心细如发,精心制作,注意细节,连外行也一望而知。根据普韦布洛的标准,她很讲究个性。和许多人不同,她的陶艺并未衰退,而是越来越受人喜爱。查普曼挑选她的作品去白人中推广。

有一次,玛丽亚的两个陶罐原准备烧成红色,却意外地烧成了黑色。纯黑的陶罐如果烧得不好,那就十分丑陋。不过,工艺精良的纯黑的陶罐却自有其妙,既能使人欣赏纯黑的质朴,又能使人激赏陶者技艺的高超。此外,她的部落人从来就不给纯黑陶罐一席之地。相反,白人没有制陶的传统,对陶器的颜色没有先入之见,无论是白色、黑色或红色,他们都照单全收。白人认为,陶器应该精美、平滑和对称。有一次,朱利安和玛丽亚委托圣塔菲(Santa Fe)的一家店销售的红陶售罄,来不及制作,就让店主取走那两个黑色的"次品"陶罐。店主还没到家,这两个陶罐在路上就售出了。

对这些印第安人而言,烧制更多的黑色陶罐轻而易举,因为他们熟知那歪打正着的工艺。一旦玛丽亚发现其黑陶更受欢迎,她就将手艺传授给姐妹们,以满足白人的口味。最后,普韦布洛的其他一些妇女也如法炮制。玛丽亚名声大振,吸引了越来越多的旅游者和顾客。于是,其同伴人人获利。如今,圣伊尔德丰索的特产已不是红陶而是黑陶了。这是将隐形的、偶然生产的黑陶罐转化成了制陶业的技术性变革,产生了令人注目的结果。首先,它提高了普韦布洛陶器的总体质量。其次,这一变革导致陶器图案和釉料的更多试验,开拓了偏离成规的道路,甚至促成了银饰业的发展;其实,银饰是纳瓦霍人和祖尼人的传统工艺。

这个例子突出说明了技术性变革的特征。

技术性变革始终是具体的。在制陶工艺中,你挑选一种烧制方法,仅仅是烧制陶罐的上千道工序中的一道。技术性变革总是一望而知的,可以谈论和传授给他人。技术性变革为其他的变革开辟道路,常常能提高产品的质量。它们往往违反了原有的显形规范,并产生深远的影响。它们汇于一处,一旦站稳脚跟,被普遍接受,就构成一种新的显形系统的基础。

我们的历法就是一例。它曾经是一场技术革新,是许许多多小小变革积累的结果,小的变化构成一个模式,规范被人接受,以至形成这样一些观念:小时和星期是"自然的"时间单位。实际上,历法成了地地道道的显形系统,成了难以割舍的传统,所以 1752 年英格兰更新历法,使之符合格列高利历时,竟然发生骚乱,数千人涌上街头高呼:"还我 14 天。"

至此,我们把显形、隐形和技术性这三个层次的文化当作一个固化而静止的系统。实际上,这三个层次是流动的,在相互转化——显形的活动成为隐形的活动,隐形的活动成为技术性的活动,技术性的活动又往往带有崭新的外观,像一个新的显形系统。在下一节里,我将揭示这些变化发生的内在机制。

4.13　变革过程

伟大的人类遗传学家西奥多·多布赞斯基(Theodosius Dobzhansky)[1]指出,生命既不是设计的结构,也并非出于偶然,而是生物体与其自身互动的结果。其意思是,在一个变动着的环境中,生命给有机

---

[1] 西奥多·多布赞斯基(1900—1975),俄裔美国生物学家、遗传学家、种群遗传学和综合进化论创始人之一,著有《进化过程的原创性》《遗传性与物种起源》等。

体施加巨大的压力,使之发生适应性变化,如果不发生这样的变化,有机体就会灭绝。这种适应机制导致栖息于地球上的许多复杂的生物的出现。不同的文化就像不同的物种,有些文化存活下来,另一些文化消亡了。有些文化的适应性胜过其他的文化。因此可以说,研究变化也就是研究生存。考察显形、隐形和技术性的文化处在什么样的不断变化的关系中,已超越了学术上的意义。有关这三个层次的关系的性质的理论也就是关于变革的理论。

最容易获取的资料多半是技术性的,又是很复杂的,所以我只谈一种资料,它描绘的是一种变化中的文化模式(其他三种描述见附录三)。这一资料很合时宜,其特点一望而知,其中的许多基本要素正好能说明文化变革的运行原理。读者容易看到,其他章节里的许多材料也能说明变革的机制。

文化变革有一个常为人注意的显著特征:一种观念或习俗一以贯之,持衡不变,抗拒一切抹杀它的力量,但是突然之间,在没有预兆的情况下,竟然分崩离析。下述历史个案,大多数美国人都相当熟悉,正好可以有力地说明观念或习俗突然崩溃的现象。

从任何角度看,文化的构造成分似乎都是显形的行为模式,这些模式形成了一个核心,周围拱卫它的是隐形的适应行为。这个核心的支柱是一系列技术性系统。我可以举一个典型的例子。在给一个女生班上课时,我安排课堂讨论。她们十分关心自己在未来生活里的角色。当然,她们异常关切的论题之一就是自己与男子的关系。在讨论这个问题时,其中一位姑娘做了简明扼要的概括,她的陈述说明了上述关于突然崩溃的原理。

她提出的问题是:她的家庭尤其是母亲从小就给她灌输了一连串显形的信念,强调婚前贞操的重要性。这个学生并不想违反这些信念。然而,如今的事实是,她常常在夜间单独与男孩子驾车兜风,拥抱接吻,参加没有监护人陪伴的家庭聚会。实际上,长期以来性美德得以栖身的传统根基（或约束）已经不复存在了。此外，持续不断的压力还迫使她抛弃婚前贞操的观念。她问道，既然支柱被砍断了，她如何坚守保持贞操的立场呢？既然一切重要的技术性支柱都被抛弃了，她又如何坚守那个显形系统的核心价值呢？

事后看来，我们可能会讥笑那无数烦琐的小"支柱"，那些使妇女容易卫护贞操的屏障。但那毕竟是很有用的办法。我听说过这样一个故事，一位新英格兰的老太太数落她的儿媳，因为儿媳举手投足的体姿，尤其是腿部的动作不标准。她的训诫大致是："亲爱的，在我们家里，女人绝不能架腿，坐椅子时要上身前倾，头摆正，双手交叉放在膝头上，双腿要并拢。在非正式场合，在家里，父亲和兄弟的面前，可以交叉脚踝。"今天，这样的训诫听来古怪而可笑。

过去，男人和女人往往使用不同的词汇。有些词汇是断不能让女人听见的。男女有别，体姿不同，服装也不同，有些地方是妇女的禁区，她们在那里也许得不到尊重。她们要全身裹紧衣服，只把脸露出来。女孩子有贴身的监护人，与男人见面的时间和地点都有限。这一切是不久前发生的事情，今天在世的很多人记忆犹新。

然而在拉丁美洲，显形美德的技术性支撑仍然是牢固而繁复的。美国人现在的观念已然变化，他们认为，维护贞操的控制机制就在人身上，而不是置于环境中，但拉美各国却有不同的看法。拉美人认为，如果环境允许男人得手，他在女人面前就无法抗拒自己的性冲动。女人被认为是脆弱的尤物，抵挡不住男人的冲动。所以，他们必须充分利用风俗的强大力量来控制男女交往。

显然，南美性风尚的任何变化都与对男女本性的新观念有关。这种新观念或许已在形成之中，因为越来越多的拉美国家的妇女有机会与男子广泛地接触，而不仅仅是结成纯社交的关系。人们认为，和昔日有贴身监护的姑娘相比，一个在白天与男性共事的女速记员已截然不同了。

然而,显形系统和技术性系统变化的不同速度可能会使人忧虑。以性行为而言,技术性支柱在美国消失以后,显形系统依然存在,上文里那位女士和其他许多人的问题就证明其存在。但这样的信念还能维持多久就成了问题。几年前,著名人类学家默多克(G. P. Murdock)就说,婚前保持贞操的观念不可能再维持一代人。闻之者大惊,纷纷投书报纸攻击他,愤怒的书信如排炮般谴责他。每当有人预言任何显形系统即将崩溃时,这都是必然的典型反应。

技术性系统迅速转化为显形系统,但人们依然将其视为技术性系统,这样的事情经常发生。如今,社会科学里弥漫着神化科学方法论的倾向,这样的顶礼膜拜与其说是技术性系统,不如说带有显形系统的味道。这些年来,科学家似乎很容易就变成了牧师。但科学家并不像领有圣职的牧师,他们披着仪式化的外衣,搞的是不协调的化装舞会;相反,牧师知道自己是牧师,而且得到教会这个显形组织的支持。

技术性系统向显形系统的转化,有一个很好的例子,这就是弗洛伊德的美国信徒今天的表现。他们的活动具有宗教的一切外部特征,包括费尽心思、不厌其烦地对教条的反复考察,把意见相左者当作异端"革出教门"。许多人在自己的系统中如鱼得水,非常适应,因为他们知道,自己置身其中的是一种显形系统,而不是技术性系统。然而,我们意识到,今天冒充科学的东西昨天也许就是科学的,但今天已经不够格,因为它再也不能就任何事物发表任何有意义的论述。它仅仅是盲目固守原有的程序,就像教会坚守宗教仪式一样。

有两类技术性的论述被认为是科学,将来可能有人能对此做进一步的探讨。第一种论述似乎旨在支持现有的某种关怀,为显形的核心(法律以及诸如举止、仪式、规范等方面的言论)提供支持。第二种论述正好相反,它捣毁现行的支柱,用新支柱取而代之。达尔文、牛顿和爱因斯坦等人捣毁陈旧的结构,为新的思想体系扫清道路。第二种论述的趋势是走向真科学的经典目标:用越来越少的理论解释越来越多的事情。两类技术性论述的差异,可以做这样的概括:一切科学论述都是技术性的,但并非一切技术性的言论都是科学的。

简言之,文化变革是一个复杂的循环过程,沿着显形、隐形和技术性三个层次展开,达到一个新的显形层次;在转折点,其重点迅速转移。迅速转变的原因是,人们难以忍受同时在两个系统中生存;任何时候,人们对生活的态度只能是三居其一,只能生活在文化三层次中的一个层次,而不是生活在多个层次。

是否有人实施过真正意义上的文化变革,令人生疑。实际上,在日常生活中,细微的隐形适应络绎不绝。其中一些适应性活动生存力比较强。它们最终进入技术性层面而成为改进的结果,这些改进又不知不觉地累积起来,直至突然被称为"突破"。飞机设计就不断积累小小的改进,像滚雪球一样形成二十年前梦想不到的飞机。

如果有人真想推动文化变革,他应该寻找隐形层次上发生的事情,并且确定哪些隐形的适应行为在日常活动中最成功,然后使之上升到知觉的层次。然而,即使这样做,我们也只能加速变革,却不能按照人们的愿望去控制变革。这是因为,一切变革都始于"超乎知觉"的层次,都带有隐形层次的性质。借用多布赞斯基的话并略加解释就可以说,生活是生物体与其自身互动的结果,而不是机缘巧合,也不是刻意设计。

第五章
文化即是交流

近年来,物理学家、数学家和工程师已习惯于用广阔的视角来看不同的事情,将其视为交流的各个侧面。一本名为《电子、波和讯息》(*Electrons, Waves and Messages*)的书看上去并不显得不协调。另一本名为《通讯的数学理论》(*The Mathematical Theory of Communication*)的书看上去也很妥当,至少有科普知识的普通人欣然接受了。然而,行为科学家不久前才开始将各自的领域视为交流的领域来审视。

读者也许会问,我用的交流(communication)一词与电子实验室的通讯理论即信息论(information theory)是什么样的关系?在某种程度上可以说,交流理论是分析交流现象后所做的概括,换言之,交流理论是对诸如语音学、正字法、电话和电视信号等现象进行概括的理论。这一过程必定要朝表征(symbolization)的方向前进。必须记住,谈话的时候,人们在使用任意的语音符号,以描述已经发生的或将要发生的事情；这些符号与实际发生的事情并没有必然的联系。文化的运作过程具有高度的选择性。无论哪种文化，在涉及交谈手段时，无不突出某些事情，对另一些事情就必然有所忽略。因此可以说，书写是一种符号的符号（symbolization of a symbolization）。交流理论将这个符号化的过程再推进一步。依我看，电子工程师的研究路径与文化—交流专家的研究路径的主要差异在于，电子工程师研究高度压缩的符号数据，文化—交流专家则试图发现人们交谈时发生的现象，须知，交谈时的数据尚未剥离语言的弦外之音。

把生活的各个方面都当作交流时，我们有一个涵盖许多交流事件的广阔领域，有可能观察到时间长短不一的完整讯息，有些短，不到一分钟，有些长，可长达许多年。一般说来，文化研究的对象是较短的事件；在文化和社会背景中，个体的心理则表现为较长的交流事件。至于行政学和政治学的研究，其中的"讯息"则是在多年的时间里展开的，以下的例子表明，上述讯息持续的时间形成了一个广谱的范围。

丈夫下班回家，摘帽、脱衣、挂衣、对妻子说声"嗨"，这一声"嗨"的语气强化了这一连串动作的含义，简要地表现了公务是否顺心。如果妻子想要知道详情，她可能得听丈夫说说话；但丈夫一开口，妻子立刻就能捕捉到他传达的讯息：他们今晚生活的气氛会如何，她将如何应对这样的气氛。

又比如，一名推销员试图向一位重要的客户推销产品，已经下了几个月的工夫。终于，客户答应向董事会报告，并允诺一周后向他通告董事会的决定。一周后见面时，推销员能在一瞬间看清他期盼的决定，无论他的推销成功与否。

一位政界人士发表讲话时，本想安定人心却适得其反。如果把讲话写下来，那么书面的文本肯定能安定人心。然而，当他讲话时，听众感觉到的讯息却刚好相反。为什么？原因与上述家庭主妇和推销员得到的讯息一样。语句本身可能并没有意义，其他信号比语句更加有力。在文化层次上交流时,和其他交流相比,意义的特征是简要。用英语说话时,如果在句尾将语调上扬而不是降低,一个陈述句就变成了问句。文化层次上的交流可以在刹那间完成,这常常是造成混淆的原因,跨文化交流中就经常发生这样的误解。

从交流频谱的文化一端转向个人的层次时,波长增加。分析的积木块不再是语音之类的东西,而是人与人的互动,比如母子的互动。可是,见面时的第一印象也许会错,因为双方没有在刹那间展现全部人格的机会。大体上,人格的显现是缓慢的,假以数年,我们才能够完全了解一个人。

交流频谱涉及政治的那部分绵延的时间更长。政治事件的意义,必须要到千百年历史的语境中去寻找。置入总体的模式时,政府的一本白皮书就不只是一个文献了,它可能相当于历时多年的讯息末尾的句号、分号甚至是问号。那则讯息含有无数的情境和行为,任何政治学家和政界人士都了解这一奥妙。外交和政治策略可以被视作经年累月的舌战。

超乎此,汤因比(Arnold Toynbee)①这样的学者还力图为存在了长达数百年的讯息求解"语法",借以超越个体的人生。他们分析整个社会和文明的"句法"。

与在交流频谱的另一工作的学者交谈时,社会科学家会遇到麻烦;一方看来清楚无误的东西,另一方却觉得一片模糊或像一个小点。不过,每一位研究者都力求建立一个模式,以便从研究对象中抽取意义。结果,所有这些模式都相互关联。政治的语言和文化的语言大相径庭,却又相互蕴含。

像电话系统一样,任何交流系统都包含下述三个方面:总体结构,这相当于电话网络;构造成分,这相当于交换机、电线和电话机;由网

---

① 阿诺德·汤因比(1889—1975),英国历史学家和教育学家,代表作为12卷巨著《历史研究》。

络承载的讯息本身。同理,讯息可以分解为三个要素:集合(宛若词语)、元素(宛若语音)和模式(宛若语法或句法)。这种讯息三分法是将文化当作交流来理解的基础。在本章的其余文字中,我们将用相当的篇幅来解释这些术语及其意涵。

兹将上文予以扼要的重述,人们总是努力发现人与人、群体与群体关系的意义。专业学者很快就搁置一望而知的显豁意义,转而寻求其中的模式。他们还必须学会增加或减少自己的感性认识,增减的多少则取决于他试图揭示的是哪一类交流。这就难免产生一种可理解的职业盲区,使人难以认真注意其他类型的交流,就像无法听到其他波长的声音一样。如果能在有限的狭窄领域里破解交流的密码,人就能成为专家。有人可能成为研究长时段事件的专家,另有人可能成为研究短期互动的专家。此外,如果我们回头说口语(而不是书面语),将其视为专门的交流系统来研究,我们就能够对其他复杂程度较低的系统的运作方式有所了解。我们有关交流的知识多半来自对语言的研究。因为语言研究成就卓著,所以从中发现的相似性对描绘其他交流系统亦有用处。

在研究语言时,任何预设都是靠不住的。没有两种语言是相似的,对每一种语言的研究都须重新开始。有些语言例如英语和纳瓦霍语别若天壤,使用这两种语言的人对现实世界的认识就截然不同。然而,无论语言的关系远近和亲疏,在应用研究中,为了学习顺利展开,语言分析的步骤都是大同小异的。

刚接触时,一种新的语言只是一片模糊的声音。不久,一些现象似乎得到凸显,可以分辨的片段反复出现。例如,有一些可以感知到的中断或停顿,停顿的间隙把一个事件与另一个事件分隔开来。一般认为,这些间隙将语词分隔开来。其实,这些语言单位既可能是词,也可能是句子,或许是别的语言现象。关键在于有东西可以感知,这正是学习者所要掌握的语言现象。我们姑且将这些感觉到的现象称为

"词"。但这仅是为了方便,因为我们所了解的"词"这个单位的意义是非常有限的。

学习新的语言时,口头朗读一些词以后,我们便发现,这些"词"是由各种语音构成的,而且其中许多音与英语的发音完全不同。然后,我们又发现,有一种方式将这些词串联在一起,构成我们认为是句子的语言单位。

再简述一遍,发现一种语言的语法并学习这种语言时,我们从近似"词"的单位着手,"词"的构造成分是"音","音"和"词"以特定的方式遵循规则组合成句,组合的规则就被称为"句法"。这是一些基本的分析步骤,语言的基本成分由此而得以确立。

因为语言学的术语太专业、太复杂,特雷格和我就创制了一套新的术语,使之适用于一切类型的交流,包括语言。这些宽泛的术语被用来标示讯息的三个要素:集合(sets)、元素(isolates)和模式(patterns)。集合(词语)是你最早感知到的单位。元素(语音)是构成集合的成分。模式(句法)则是将集合串联起来并赋予其意义的方式。

视文化为交流的观点使人获益匪浅,因为它提出了前人从未考虑过的问题,也是前人未能解答的问题。这种研究路径的成效可追溯到上文介绍的两种成就:(1)清楚区分显形、隐形和技术性的文化三层次;(2)文化可以解析为集合、元素和模式。有趣的是,对美洲印第安人物质文化的研究起初正是以这种方式进行的,但陷入了方法论的泥潭,因为当时的语言学研究还不足以使文化研究者从语言的运行方式中借用有用的类比。然而,语言研究的数据表明,文化里存在着像"元素"一样的物质,有一些相当于语词的元素组合现象,这些组合可以被称作特质复合体(trait-complexes)。

在许多实例中,早先研究物质文化的努力归于失败;其原因是,即使有当地的情况提供人,也没有把他们用得恰到好处,田野工作者的分析缺乏正确的基础。田野工作往往受到研究者文化的干扰,今天的研究也难免受到这样的影响。

　　古代的哲人和炼金术士用错误的方式寻找正确的东西;像他们一样,今天的许多人类学家也在寻找文化的积木块,可惜不得法。他们以音位(phoneme)(语言的积木块)为范本,试图发现其文化等价物,认为文化和语言一样是一种实体。然而,他们的许多尝试却建立在对音位的一知半解上。其实,音位是一丛语音,说话人是可以识别的。以 father 为例,其中"a"的发音各地不同,新英格兰人发的是一个音,其他地区的发音又不一样,但这些不同的变异构成一个音位。在"pip"或"pop"里的第一个"p"和第二个"p"其实是两个不同的音,但都称为音位"p"的变体(allophones);它们是说话人可以识别的变异。

　　和其他所有元素一样,音位是一个抽象的概念,细究之下就可以分解为由若干音位变体组成的集合。人类学家对音位与音位变体的关系不了解,所以他们未能借用"音位"这一概念,将其作为文化其他成分的范本。在高度专门化的交流系统中,"音位"仅仅是一个结构点而已。只以结构点为基础,就去进行类比,而不参照整个系统的运行情况,那必然会徒劳无益。在挑选音位这样的积木块作范本时,社会必须始终如一。换言之,音位是嵌入语言系统语境里的概念,我们必须理解它在语言系统里的功能。看来,语言分析必须要做一些修正,需要经过某些改造,才能成为适合其他文化系统的范本。在以下各章里,我们将进一步阐述元素、集合和模式这三个术语的含义,用以取代语言学里的音位、词素和句法这三个术语。

第六章
无所不在的集合

　　一般地说,集合由两个以上的成分构成;在人的感知里,集合有别于其他的事物。像椅子、桌子、书桌等物体都可以被视为集合。同理,语词、时段、英里之类的度量单位以及管理机构等事物,虽然在生活中并非一望而知,也符合集合的定义。集合有不同的类型,可分为显形、隐形和技术性三种,有些集合容易感知,另一些则比较难。显形的集合常被人视为理所当然,看上去像自然而然的事物,比如语词、建筑、政府、家庭、日、月、年。然而,如果你用技术性的眼光去审察,它们就不再是令人满意的集合。如果没有语言,我们就难以想象语词,没有文明就难以想象建筑,没有时段就难以想象时间。

　　无论在哪一个层次,孤立地感知集合都不太可能。一般地说,集合都在语境中出现,成为一系列类似和相关事情里的一员。在跨文化情境中,一个人对另一个社会最初的了解往往是某些显形的集合。别人会立即向他指出这些事物,或者这些东西本身引人注目,他不可能忽略。然而,在许多情况下,初次接触另一种文化的人永远无法超越这第一步。比如,他可能学会许多外语单词(集合),但仍然使用母语中的元素,所以他们说话带有母语的口音。而且,不知不觉间,他们可能把外语单词塞入母语的结构或模式中,这就使他们的思想难以理解。又如,美国人把所有款式的汽车都视为汽车,可是在某些阿拉伯地区,人们只认一种汽车,即凯迪拉克。在这类事例中,外国人(阿拉伯人)觉得,自己已经掌握了一种新的集合,他们产生了幻觉,误以为理解了另一种文化。实际上,他们只是迈出了踌躇不前的第一步。要掌握一种外国文化,不仅要掌握其集合,还要掌握其模式和元素。

元素的组合方式数不胜数,集合数量的上限就是元素数不胜数的组合。企图靠多学集合来掌握一种外国文化,无疑是缘木求鱼。脑子里堆积集合容易,破解模式的密码就困难。如果撇开模式而只谈集合,那就犹如不谈房屋而只说砖块。因此,虽然本章主要讲集合,却有必要经常引入模式的概念。

只要能识别一种模式,其中为人所感知到的究竟是什么事件,那就无关紧要了。实际上,虽然这些事件千差万别,但它们仍然是同一模式的构造部分,恰如建材各异却同为房屋一样。例如,议价是中东各地的一种基本模式,而我们的文化中也有所谓的议价活动,但两种议价的模式大不相同。可是就表面(阿拉伯人的议价方式)的感觉而言,他们的议价貌似熟悉,和我们的议价相同。其实大谬不然。在此,我们的第一个错误出在评估中,对议价在中东的价值及其在日常生活里的作用,我们可能会作出错误的估计。美国人往往瞧不起讨价还价的人,只是在购买房屋和汽车时才进行认真的议价。相反,对阿拉伯人而言,议价不只是消磨时光的手段,而且实际上是待人处世的技能。然而,不仅他们赋予议价的价值和我们不同,他们议价的模式和我们也不相同。

我们初访阿拉伯国家时感觉到，他们一连串的互动类似于我们的议价。换言之，我们感知到种种集合：行为、动作、调门提高、声音加大、退出交易、摆弄商品。看见眼前这一切时，我们通常不会思考，自己的模式和这些表面熟悉的模式有何不同。美国人会问："我首次还价应该砍几成？"他不知道，阿拉伯人的要价有几种。就像因纽特人有许多词表示不同的雪一样，阿拉伯人的种种要价都有其意义。美国人议价的模式是，买卖双方有隐蔽的高限和低限，不会超越，开价和还价都与暗中的高低价有固定的关系。第八章将详细分析这一议价的过程。

我们再回头看集合。重要的是记住，集合是初来乍到者看见的事物，数量无限，其意义端赖解读者对其模式的认识。

然而，我们还可以对集合的特点做一些其他的概括。这些规律对田野调查者有用，因为它们指出了通向更深层模式的途径。

每种文化的大部分词汇都是用来表示集合的。看一种文化的词汇，你就可以对这一文化的内容及其所看重的事物有个大致的了解。表示雪的概念，我们只有一个词，因纽特人则有许多词，这就是一个很好的例子。高度发达的词汇反映的是高度技术性的文化。美国广告里充斥着一度只有科学家和工程师使用的词汇，比如叶绿素、热核、氯霉素、心血管等，这种现象对美国人不足为奇。

同一集合在不同的文化中被赋予的价值可能会截然不同。委内瑞拉人可能会问我们，美国人为何很重视又脏又臭、令人不快的管道工？他甚至想问我们为何将马桶建在浴室里。又比如，日本人很看重情绪或感情，却将我们看重的逻辑放在很低的位置。当然，情绪和感情这两种集合在美国文化里的排位，几乎与日本人相反。

在不同的文化里，类似的集合可能有不同的成分。我们认为，一套瓷器主要由盘子、杯子和托盘构成，其材料相同，款式或风格也相同。可是日本的情况却不是这样。在银座的一家现代百货商店里，我看见的一套"咖啡饮具"装在盒子里，内有5只杯子、5只托碟、5根茶匙(以上皆为瓷器)、1个铝制的过滤器(厨房用具)、1只刻花的玻璃奶油罐和1只带塑料盖的糖钵。在美国,将这些五花八门的器具放在同一套"茶具"里,是难以想象的。

集合的另一个重要特点是,世界各地对同一集合的分类大不相同。这构成另一些绊脚石,使我们产生错觉,以为看到的是不同的东西。在英语里,名词是没有性别分类的,而阿拉伯语却有。要正确使用名词,你就必须知道其性别。另一方面,我们将万物分成有生命的和无生命的两大类。这就是说,不做这两种区分的特罗布里恩岛民,如果要说英语,提到任何东西时,他们都不得不记住这样的分类。我们做动物和植物分类,这也会使他们感到为难,因为他们认为植物和动物一样,能从一个园圃迁移到另一个园圃。他们认为,优秀的园丁像优秀的牧羊人,能保住自己的作物,甚至能用巫术将邻人的作物诱入自己的园圃。

英语还区分可数名词和不可数名词。不可数名词有沙、雪、面粉和草。其标志是用"给我一些……"这个句型来表示。可数名词则有人、狗、顶针和树叶等。句型"给我一个……"是表示可数名词的语言线索。外国人始终不得不死记哪些可数,哪些不可数。草(grass)是不可数名词,树叶(leaf)却是可数名词。至于为何一个可数而另一个不可数,却没有一以贯之的逻辑。事实上,我们学习使用集合时,必然要进行大量简单、老套而重复的记诵。无论何时何地、如何学习,词汇都只能死记硬背。

我们还区别事物的不同状态,即主动和被动。此外,说话者与自然事件的关系也随文化而异。我们说:"我将在一小时之内见你(in an hour)。"阿拉伯人会问:"'一小时之内'是什么意思?这一小时能像房间一样供人进出吗?"对他们而言,他们自己的系统才有意义:"我于一小时之前(before one hour)见你"或"我将于一星期之后(after one week)见你。"我们说出门走进雨中(in the rain),而阿拉伯人则说走到雨下(under the rain)。

第六章
无所不在的集合

集合不仅有分类,而且每一类集合又细分为范畴。如果对一个范畴内的集合进行分析,有时你就能发现这个范畴在整个文化中的相对重要性。率先科学论述这一特征的是弗兰兹·博厄斯(Franz Boas)[①]。因纽特人使用若干不同的"名词"来表示雪的不同状态,他对此做了探讨。在我们的文化中,通过考察表示女性的大量同义词,你就会对妇女尤其是女孩子的重要性有所认识。指称女性的语词有:doll(美女)、flame(情人)、skirt(被视为性欲对象的女子)、tomato(美人)、queen(出众的女人)、broad(荡女)、bag(坏脾气的女人)、dish(漂亮的女人)、twist(浪女),仅此几例足以说明数量之多。每个名词都表示排序阶梯上不同类别或有细腻差别的女人。

如上所述,集合的另一个特点是,同一范畴的集合总有等级之分。当然,世界各地的等级观念各不相同。在美国,白人曾经比黑人要高一等。在利比里亚,他们的排序刚好颠倒。再以高级精工手表为例,如果以优雅和社交炫耀为目标,黄金就优于不锈钢。但运动员会优先考虑不锈钢。对美国公众而言,卡迪拉克高于别克,别克又高于雪佛兰。

事实上,集合的这种等级排列是非常微妙的,必须做更具体的分析。只说集合在一个范畴内有等级区分是不够的。而且,由集合的等级组成的范畴本身就揭示一种模式,因而范畴也同样重要。实际上,集合的排序有三种不同的方式:(1)在显形的系统中,作为一个传统的术语,用来指一个贵重的集合,如铅、铜、金、白金;(2)在隐形的系统中,根据观察者的口味或情景的需要,对集合进行排序(半生半熟的、适度的、熟透的牛排;红色、绿色、蓝色、黄色的排序);(3)在技术性的系统中,作为一个模式里的若干节点:"土豆现价一堆5美元,昨天一堆4.95美元。"这里的模式就是所谓的供求规律。在特罗布里恩岛上,有许多食品如红薯的价值却根据决然不同的另一种模式决定。评判

[①] 弗兰兹·博厄斯(1858—1942),美国第二代人类学宗师,开创了北美人类学派和语言学派。

等级的标准有形状、大小、收获期和接受者。供求关系在这里不起作用。

总体上，美国人对颜色采取隐形的态度，也就是视情况而定的态度。为了美化一堵灰色的墙壁，我们在上面涂一块色斑，其颜色既可能是黄色，也可能是红色，还可能是红黄相间的斑驳色。我们一般不将黄色与红色并置相配。颜色本身几乎没有或根本没有价值。如果有的话，其标准就是人的爱好。然而，纳瓦霍人的情况则完全不同，他们将颜色分等，就像我们给金银分等一样，而且等级的差别更加强烈。多年前，印第安人事物局的雇员没有意识到颜色的分等，因而造成了不少麻烦。这些好心人试图把"民主"带给印第安人，在纳瓦霍人中推行投票选举制度。不幸的是，许多印第安人目不识丁。有人灵机一动，用不同的颜色代表部落议事会的候选人。纳瓦霍人进入投票亭里去按照候选人的颜色投票。由于蓝色代表吉利，红色代表不祥，候选人的命运就可想而知了。如今，选票上已经用上了照片。

西方人容易被大数字打动，对13反感；不过，这种迷信已经消减，数字不再有差别。只有在技术性语境下，数字才富有意义。但日本人还是觉得，数字有意义，会引发好运、财富、破产或死亡的联想。这就使日本人的电话系统异常复杂。第二次世界大战以后，吉利的电话号码价格昂贵，不吉利的号码就塞给不懂内情的外国人了。

显然，文化之间容易感觉到的差别是，集合被纳入的范畴不同；此外，所属的范畴确定以后，人们对待集合的态度也不同：显形、隐形和技术性的态度各有区别。

总之，我们可以指出，集合本身可以被赋予的唯一意义是"指示性意义"：这是一条"狗"；那是一个"人"；那边飞过一架"飞机"。集合本身是中性的，然而一旦进入模式，集合就获得更加复杂的意义。对模式中的集合所做的最透彻的分析见诸语义学研究，语义学关注的是语词在各种语境中的意义。语义学已取得卓越的成就，却仍然任重而道远。如今的语义学研究有一个主要缺陷，那就是将模式视为当然。

第七章
难以捉摸的元素

如果说集合是存在中最容易被察觉的一面,模式是存在的组织蓝图,并赋予集合意义,那么,元素就是一种难以捉摸的抽象,几乎可以说是一种幻象。元素构成集合,但悖论在于,一旦你考察集合,仔细搜寻其中的元素,集合与元素的区别就消解了。诚然,元素会显示出来,但是,一旦被清楚察觉到,它们就在自身的层次被看成集合了。这种从集合向元素又向集合的转化非常重要。它给科学家带来了无数的问题,因为转化发生时,人的整个知觉结构也随之改变,连旧的集合也面目全非。例如,我们感知到一个叫作"词"的集合。然而,当我们把词分解成语音(元素)时,原来认为的那个词就不复存在了。每个人都曾经注意到这样的现象。当他玩味一个词里的语音,忽略这个词时,这个词就不复存在了。语言学家玩味的方式当然要精致得多;当他们记录并给语音分类,以寻找元素时,他们就意识到,除了一般的元音和辅音外,还有一些隐形的常数比如重音、音高和语调。结果,他们就可能发现,对这个词的分析和组合并不是他们起初想象的方式。他们感知到一串新的集合,原来的词就被取而代之了。

  与物理学的测不准原理(uncertainty principle)类似的原理,似乎可以用来解释这一困境。测不准原理认为,观察者及其观察工具和观察对象紧紧纠缠,密不可分。对语音成分的考察越精确,原来的观察就越抽象,且越不精确。换言之,在研究文化素材时,你达到的精确性只能是在一个层次、一个时刻的精确,而且只能是短暂一瞬间的精确。我称之为"文化的测不准原理"(cultural indeterminacy)。

  大自然反复显示令人惊叹的秩序。考虑到这一非凡的现象,当我们在一套集合里搜寻元素比如在语词里搜寻语音时,有些一致性就会反复出现。这一点不足为奇。幸运的是,这种反复出现的规律恰好给无边无际的工作设定了局限。一开始研究我们就知道:我们寻求的东西最终是一种集合。比如在考察语言时,一开始你就有这样的预设,有限的语音能生成英语里的所有单词。我们还知道,任何语言都有一个"语音系统",任何人都受母语语音系统的束缚。第一语言总是会影响继后学习的语言,使人说话带口音,其道理就在这里。语言的约束力不是寓于集合中,而是寓于元素和模式中。任何人几乎都能发出一种外语的单音,但很多人觉得,难以将单音拼成词。一旦试图拼音成词,单音就发生变化,旧语言习惯的约束是非常强大的。

  无论其专业背景如何,科学家开始寻求元素时都知道,他们最终将发现一个既有秩序又有模式的系统,而且他们知道,这一工作不会没有止境。到了某一时刻,他们总能掌握并描绘这个系统。然后,他们就能够传授这个系统的知识,而且在传授的过程中创制新的系统,比如文字、字母表、法典等系统,人类的知识成就由此可见一斑。

  研究人类现象时,研究者的目标是发现元素的模式;这些模式隐藏在大脑、感觉器官和肌肉里。一般来说,它们是无法用机器和精密仪器探测的；它们本身有很大的变通余地，需要研究者具有识别并作出反应的能力。如果他们使用机器，那就要容忍一定的偏差，使自己的研究适合分析的数据和分析的层次。如果太精确，他们就会在系统中翻出一些自己还不能解决的问题。以语义分析为例，重要的是你说母语和听母语时所进行的区分。这些差异构成了一个隐蔽的系统，成千上万人乃至千百万人共享的系统。研究者关心的不是个体差异、情景变异、方言或言语缺陷，而是关心那个使他人能听懂自己说的话的系统；由于整个系统发挥作用，即使说话人的发声器官（比如牙齿）有缺陷，别人也能听懂。研究者想要寻找的是结构点，围绕在其周围的是行为丛集以及经辨认有关系或被认为是有关系的事物。这是因为，我们寻找的是文化的正常参与者（不是90%或80%的参与者，而是一切参与者）赖以区分两种不同事情的系统。这些事情可以是两人谈话时的身体距离、在街头或接待室等人的时间，以及对同一文化里的人有意义的任何事情。

实际上，问人何以能区分A和B是一回事，问什么构成A和B是另一回事。研究程序之所以不同，那是因为：主体精确描绘他进行区分的过程。不过，他能告诉研究者，A和B是相同还是不同。研究者的工作就是分析差异，借以揭示研究对象身上隐藏的文化系统。

最常用的研究程序是对比成对的集合，一对一对地考察，直到辨认出一切对子的差异。例如，pit不同于pat，两个词的首尾辅音不变，唯一的变项是中间的元音"i"和"a"。同理，tit和tat、bit和bat等对子也只有一个变项。据此就可以提出这样一种假说：这几个对子里的元音"i"和"a"是元素，说英语的人区别这两个元音。再者，如果一个音取代另一个音，这个词就变了。此后，科学家面对的就是大量单调的例行公事。他继续分析，只锁定他要研究的一个变项，其余一切成分维持不变。他选择该语言里有代表性的"语词"作样本，逐一研究，直到穷尽说母语者所分辨的一切重要差异。在英语口语里，有45个变项，它们结合成所有的集合以及集合构成的组合，研究所得的结果是9个元音、3个半元音、21个辅音、4个重音、4个音高和4个音渡（juncture）。在书面英语里，只有26个变项即26个字母，外加逗号、句号和问号等标点符号。

现将我们对元素的讨论做一小结：因为根据定义元素是一种抽象，所以对其进行描述显然是有困难的。然而，元素即积木块的概念似乎是人类一切传播层次上不可分割的组成部分。再者，无论有意无意，元素是人类矢志不渝要发现和分析的成分。此外，元素一词的提出也是为了便于研究，其所指是用于构造其他事项的成分；和其他任何东西一样，元素也可以指一个分析层次。元素和集合有融合的趋势，但在许多方面，两者是截然不同的。元素的数量有限，而集合的数量无穷：有多少元素的组合，就有多少集合。元素受系统的约束，只有脱离系统时，元素才成为集合。相反，集合脱离系统，就成为人研究和感知的对象；此时，集合就从其出现的语境中获得意义。集合能被人清晰地感知；元素却不能被人感知，因为它们仅仅是一种抽象；元素丛集在规范的周围，文化成员能识别这些规范。两个相近的元素，计量起来的实际差别并不大，还不如其在各自规范内的变化大。人之所以能区分这两个元素，那是由于其所处模式不同。例如，操西班牙语的墨西哥人不能区分"dish"和"feet"里的两个元音"i"和"e"。他们觉得这两个音是同一个元音的变项。他们谈话时，并不知道说出的是哪个音。

测定一个集群里的某个成分是否是元素，有一个办法，那就是将其他一切因子固定下来，只变换这个成分。如果集群的意义随之而变，这个成分就是元素。比如，句尾的语调使句子成为陈述句或疑问句，其决定因素是语调的下降和上升。句尾的升调是一个元素，降调是另一个元素。这样的语调升降适用于英语和其他相关语言，但并非普遍适用。另一种略为不同的表述是：其他一切成分似乎都保持不变，只注意一个在变化的成分；如果这种变化导致意义的改变，那么这个变项就可能是个元素。

至此，我们主要把元素当作集合的构造成分来描述，但元素又是模式的关键因子之一。此外，现已证明，对元素的基础研究工作，虽然一度被认为琐碎而毫无意义，但实际上在模式分析中极有价值。元素是集合向模式转化的重要支撑，又是区别不同模式的主要手段。元素难以把握和界定，但我们现在发现，它是用于分析人类交流的关键因子，因为它以三种方式在三个交流层次上起作用。在集合的层次上，元素是构造成分（c-a-k-e = cake）。在元素的层次上，元素又成为一种集合（每个音位都是由一些音位变体组成的），语音学家以此为分析对象。在模式的层次上，元素是辨析模式的因子。因此，如果一个人不能区别单词里的首字母 v 和 w，模式分析就判定他是斯堪的纳维亚人。同理，如果一个人把"oysters"和"birds"里的"oy"和"er"互换，把"oysters"和"birds"说成"ersters"和"boids"，那么大多数美国人就会把他看成是土生土长的布鲁克林人。

115

第八章
文化的组织模式

  模式是隐含（implicit）的文化规则，集合借助模式而获得意义。

  我们对模式知之甚少，对其运作也不甚了解。诚然，我们可以援引许多文化方面的规则来研究模式，但迄今为止，关于模式构建的理论却付之阙如，也没有任何分析和描述模式的相关理论。

  本章将阐明上文隐约提及的一些论点。其中有些论点深深嵌入我们的信念系统，与我们目前的思考和行事方式相去甚远。最基本的论点是，根本没有抽象的、与文化分离的、有别于文化的"经验"。文化既不源于经验，也不是经验的镜像。而且，文化也不能根据神秘经验来检验。人获取经验，同时又向外部世界投射经验，经验的形态由文化决定。

  我将强调的另一套基本论点是，模式的规律有章可循，它们是：有序律、选择律与和谐律（laws of order, selection, and congruence）。

第八章
文化的组织模式

人是文化存在物,受隐蔽规则束缚,并不是自己命运的主人。这个观点可能会使有些人感到震惊,而且实际上始终难以被人接受。但有一点异常清楚,即只要对文化为人提供的隐蔽途径的性质一无所知,人就会受到种种限制。遇见带有隐蔽规律的观点时,普通人很可能提出有关自由意志、决定论及个性的诘问,对这些问题,人类学家会给出令人信服的答案。当然,有些冲动似乎有发自内心的独立源泉,但是即使这样的冲动也会因文化的影响而根本改变,其作用也要受环境的控制。男人若被一个女子吸引,也许会向她提出约会。是否发出邀请的选择由他决定。但有很多因素不能完全由自己决定,比如用什么措辞、送什么礼物、打电话邀请的时间、穿什么衣服等。在如今的美国,是否接受邀请的最终决定权在女方。一般来说,未经女方家庭同意就约会她的美国男人不会想到其弟兄们的报复,也不会设想,如果与她亲近可能会使她丧生。当他权衡可供选择的模式时,这两种情况都不在他的考虑范围之内。在欧化程度比较低的阿拉伯地区,男女私下的约会有可能导致女子丧生,男子也可能遭遇报复,这都在预期的范围之内。这类事例比较明显,经常被人提及,总是被嗤之以鼻。我们的解释是,由于自己的姐妹与男人亲近而杀害她,那是"不开化的"行为。我们不懂并难以接受的是,这类模式要放进更大的整体模式之中去考察;报复者所捍卫的不是其姐妹的生命(尽管她受到宠爱),而是一种核心制度;没有这一制度,社会就会瓦解或剧变。这种制度就是家庭。在中东,家庭之所以重要,那是因为许多家庭结合成一个功能复合体。与其相生相伴的网络(和义务)的功能,和我们的政府行使的功能类似。那个女子是诸多家庭之间神圣的一环,就像我们文化里的法官一样,应该是白璧无瑕的。由此可见,对于一望而知的行为差异,有必要再仔细考察,它们往往遮蔽着更基本的差别,或由此而生的差别。世人对这些根本差异的研究才刚刚兴起。这些差异制约我们的行为的程度,我们做梦也不曾想到,它们不是有选择余地的习俗,而是恒常不变的规矩,只是我们尚未认识到而已。

本杰明·沃尔夫(Benjamin Whorf)①以语言为研究对象,大量论述了有关既控制思想又制约行为的深层规则。事实上,他率先从技术的层面上论述深层差异对人们体验宇宙产生什么样的影响,以及深层差异的意义。不久前人们还认为,无论其文化背景如何,人人都共享同样的经验。然而,经验是否为人所共享,是否存在经验的"常数"供人们评判或测度事物,现在看来是值得怀疑的。毋宁说,在模式的层次上,一切文化都是相对的,而不是绝对的。不断累积的证据表明,人与经验不会直接接触,两者之间介入了一套模式。这些模式疏导人的感觉和思想,使人以特定的方式对外界作出反应;深层的模式决定人们对外部世界作出不同的反应。

美国人和西班牙人看斗牛表演的反应是一个为人熟悉的例子;环境相同,他们的经验却截然不同。斗牛场的美国人感到恐惧;然而西班牙观众很高兴,斗牛士成了他们的中介,他们间接感受到征服公牛的兴奋。再以残酷的死亡为例:著名人类学家柯拉·杜布瓦(Cora Du Bois)②报道说,阿洛尔人往往把那些被欧洲人认为活着的人当作死人,甚至将其埋葬。拉尔夫·林顿描述马达加斯加的塔纳拉人(Tanala)时,有这样一段文字:我们所谓的死亡,他们却认为是新的生存状态,死人继续积极参与生活。遗孀再嫁时必须与已故的丈夫离婚。大多数读者可能会说:"当然,这些人不明事理,落后,愚昧,不懂科学。他们不如我们开化。对这样的野蛮人,你还能期求什么呢?"对如此言论,你只能回答说:"你说得有道理,但生死是客观经验,无论什么文化,关于生死的经验应该相同呀。"但事实上,生死经验是不同的。

沃尔夫关心底层假设的无意识性质,我们的许多行为就建立在这

---

① 本杰明·沃尔夫(1897—1941),美国语言学家,结构主义大师,与老师萨丕尔一道提出著名的"萨丕尔—沃尔夫"假说,代表作有《论语言、思维和现实》。

② 柯拉·杜布瓦(1903—1991),美国人类学家,与本尼迪克特同属心理人类学派,提出"模范人格"的概念,著有《阿洛尔人》《1870年的鬼舞》《东南亚的社会力量》等。

些假设上。他在《科学与语言学》("Science and Linguistics")一文中阐述了这一观点：

> 我们用本族语所划定的路子切分自然。我们从现象世界中分离出来的范畴和种类并非现象世界里的客观存在；我们这样切分自然，并不是由于它们在那里眼睁睁地看着我们。相反，呈现在我们面前的大千世界是万花筒式的印象流，必须要由我们的头脑组织加工，也就是说，它们在很大程度上必须靠我们头脑里的语言体系去组织。我们切分自然，把自然组织成各种概念，赋予它们不同的意义。在很大程度上，这是因为我们要按照契约去组织自然，这是我们的语言社群必须遵守的契约，我们用自己的语言给自然编码。当然，这个契约是隐性的契约，并无明文规定，但它的条文具有绝对的约束力；如果我们不遵守规定对数据进行组织和分类，我们就根本不可能说话。

> 这一事实对现代科学非常重要，因为它意味着没有人能够对自然进行绝对没有偏颇的描述，人人都受到一些阐释方式的限制，即使他自认为能够自由地表达自己想说的东西。

在另一篇名为《作为精密科学的语言学》("Linguistics as an Exact Science")的文章里，沃尔夫又说：

> 我们对说话有一种幻觉，以为说话无拘无束，是自然而然的、自发的，只需"表达"我们想要表达的东西。这种幻觉其来有自。表面上看，说话是任意挥洒、自由自在的；其实，外在的钳制却是很专横的，交谈的双方都受到**自然法则**的钳制，只不过我们浑然不觉罢了。（黑体系引者所加）

这些话的确意味深长。其含义之一是，即使掌握了另一个民族的语言，并对他们真的有所了解，我们仍然会遇到隐蔽的障碍，正是这些障碍将不同的民族分隔开来。

不过，也有一种跨越这种障碍的方法。

根据我上文对集合和元素的讨论,我们对模式做一个最简洁的定义:模式是集合的有意义排列。这个定义未提及的是,只有在自己的层次上分析时,模式才有意义。例如,对语言学家而言,音位是集合的有意义排列,对普通人则不是。又比如,对属于同一群体且敏于装饰艺术的女性而言,装饰有品位的客厅就是有意义的集合的排列。相反,男人却把这间屋子当成一个集合,视其为一体,只对整体的效果作出反应。他们看不见房间的细节,女人却能洞察这些细节。在一个女人的眼里,模式的细节能向她透露另一个女人的许多信息。在大多数人的眼里,马就是马。可是,有经验的养马人在买卖马时却要考察许多集合:身高、体重、体长、胸围、胸厚、颈长、头形、站姿、皮色、蹄形和步态。外行人将这些集合看作元素,可是行家却考察每一个元素与其他元素的关系。所有的元素和集合合成一个模式,讲述一个故事,勾勒一幅图画。他将这匹马与其他类似的马放进一个模式中,就像品酒师评价酒的"品质"一样。重要的是记住,只有在模式的层次上考察,只有在不离开这个层次时,模式看上去才成为模式。

模式只有对某些类型的人才是显而易见的。在同一间屋子里,男人、女人、女仆看见的东西各有不同。换言之,人与模式之间有一种联系。实际上,群体可以根据其成员与特定模式的关系来界定。同一群体的成员共享一些模式,他们看见相同的事物,靠模式结合为一体。根据这里的分析,我们有必要扩展模式的定义:模式是群体共享的、由集合组成的、有意义的排列。

8.1 模式的三种类型

20世纪初,日本商人源源不断地来到美国。像一切旅行者一样,他们感到难以适应。据说,一个日本人专为赴美经商的同胞写了一本书。在解释以下一段文字时,读者应该记住,相对地位是解读日本人

第八章
文化的组织模式

生活的关键。他们的等级系统是显形的,但其中的许多规则是技术性的。难怪作者开宗明义告诉读者,美国人的生活礼仪烦冗、异常复杂,外国人根本不可能了解。然而,作者勇于担当,提供指南,大量举例,以便使读者的行为举止有所依傍。他指出,两个美国商人见面时,他们会大声寒暄,拍拍背,仿佛按信号行事那样,争着敬烟,却又都谢绝,但最后还是低位者接受高位者的雪茄。

姑不论作者分析的可笑,我们大多数人都认识这个模式,这是一个正在消亡之中的隐形模式。但我们同时还知道,这个模式还有另一面:如果低位者有升迁的趋势,那么他的上级也会接受他敬的烟,借以向他暗示,"老头子"默认他升迁的趋势。作者对这一模式等级结构的强调表明,我们生活方式的另一面还有一个显著的特征,那就是底层的显形平等模式。这一特征突出说明,我们这个社会也有十分复杂的、隐形的、模式化的地位系统。这个地位系统的流动性指数很多,很精致,虽然一般人能熟练运用这个系统,但无法对它在技术性层面的作用进行描述。诸如《穿灰法兰绒套装的人》(*The Man in the Gray Flannel Suit*)这类当代小说试图描写这个系统的一个片段。事实上,地位是始终贯穿于美国小说中的线索。一个主题是玩味隐形等级系统与基本平等模式之间的冲突。另一个主题描绘暴发户和爬得太快的人,表现他们陷入陌生模式的困境以及由此受到的惩罚。

在美国,根据显形的模式,我们想表示高兴时就大笑,要表示悲伤时就哭泣。此外,根据这些模式,女人比男人更容易动感情,或欢笑,或哭泣。然而美国人发现,日本的情况并非如此,笑未必总是表示高兴,它很可能表示尴尬。同样,哭泣也未必表示悲伤。每当社会科学家试图说明显形的模式,他们都必然受到限制,不得不从语境中撷取一小段交流的情境,不得不面对别人的诘问;有人总喜欢问他:"你说得不错,但美国人高兴的时候也会哭呀!"的确如此。但事实在于,我们认为悲伤时哭、高兴时笑才是"自然的"。所幸的是,正如我上文所

122

言，显形模式的表现方式提供了许多通融的余地。一般地说，模式的界限广为人知。只要不逾越界限，允许变异的范围还是很大的。德国人和奥地利人的主要差异即为一例。德国人在自我限制上偏重技术性模式，奥地利人则偏重显形模式。结果，奥地利人看上去就随和得多，对许多事情的态度显得相当轻松，享有更多的自由——当然条件是必须囿于明确规定的限度之内。相反，美国人所受的技术性限制和显形的限制都比较少，隐形的限制则比较多。这就意味着，美国人很容易受抑制，因为他们不能清楚说出何为规则，只能在有人犯规时认出这些规则。

我已经介绍过美国人与中东人议价手法的差异。这个例子值得进一步探讨。美国人的议价模式建立在一个假设的基础上：双方都有隐蔽的高限和低限，卖方想要得到的是高限，买方想要得到的是低限。议价的作用是发现对方的上下限，同时又不暴露自己的上下限。在中东的美国人无意之间将自己的模式投射到那里的议价中去，他可能会自问："我还价应该砍几成？"这等于是说："如果他要价10镑，会同意5镑卖给我吗？"这种方式不仅错误，而且可能导致麻烦。必须记住的原则是，阿拉伯人议价时，买卖双方的心里都没有上下限，实际上只有一个基准点，靠近中间。就像最新的股票行情，议价后的成交点不由买卖双方决定，而由市场或环境决定。这个议价模式中有一个重要的元素，价格不是由人决定的，也不是由人的愿望决定的，而始终是由双方都清楚的一套环境条件决定的。即使这些条件不明朗，我们也要假定它们是可以了解的。因此，议价总是围绕着一个枢纽点摆动。如果不知道这个中心点，既会丢脸，也会陷入最吃亏的境地。无论是在巴扎上买南瓜还是在国际市场上为水电大坝议价，都需要了解议价的规则。模式是不变的。在枢纽点上下都有一系列的价格点，它们表明买卖双方进入市场时的愿望。

以下是大马士革的一个阿拉伯人对这种方式所做的描述。枢纽点价格是六个比索，这是当天的南瓜价。枢纽点上下各有四个价格点，卖方开的价可能是上面四个点中的任何一个点,买方还的价可能是下面四个点中的任何一个点。这种攻防有丰富的隐蔽意义或隐性意义,以下的标尺描绘双方攻防的每一步买卖价。其意义并不准确,却是一条线索,表示双方在议价过程中的态度。

比索		
12 个以上	卖方全然不知行情	卖方要价
10	侮辱买方,争论,舌战,卖方不想出售	同上
8	愿意卖,我们继续谈	同上
7	愿意略低于市价出售	同上
6	市价(枢纽价)	
5	买方真想买,愿意略高于市价成交	买方还价
4	买方愿意	同上
2	争论,舌战,买方不想买	同上
1	买方全然不识货	同上

试想,仅一个比索之差,意义就迥然不同,由此可见,"我还价应该砍几成"这个问题似乎就毫无意义。你说的要价是哪一个要价?"我们做生意"那个价、"我们不做生意"那个价,抑或是"我们舌战"那个价?议价模式可能会在中心点上下各多达五六个变异点,每一点各有其含义。

你不能低估这种模式的重要性,也不能低估它在各个层次上对人的制约。一个同情我们的阿拉伯人与我谈起我们在埃及阿斯旺大坝惨败中直接和间接的立场,那时,我们在中东的地位还没有一落千丈。他这样表达讨价还价:"如果你议价时不让步,对方就会后退。如果他让两步,你也必须让两步。如果你寸步不让,他反而会进四步。"我们谈阿斯旺大坝时没有让两步,所以纳赛尔(Gamal Abdel Nasser)①就进了四步。

---

① 纳赛尔(1918—1970),埃及政治家,1952 年推翻帝制,建立埃及共和国,先后任总理和总统,提倡不结盟,实际偏向东方阵营,著有《革命哲学》。他在东西方争夺的阿斯旺水坝谈判,苏联胜出,但该水坝曾造成生态灾难。

如此重大的事件竟然取决于对讨价还价这种小事情的理解！看来，跨文化研究领域最有前途的发展就是努力揭示文化模式，使隐形的模式为人所知。在很多方面，这一工作是最细心、最艰苦和最困难的。优秀的信息提供者生于斯，长于斯，熟悉自己的文化，也很聪明，然而，即使最优秀的人也无法描绘自己的隐形模式。科学家在黑暗中摸索，提出种种假设，以求解释自认为始终如一的行为模式，然后检验假设，直到肯定已锁定一种模式为止。这样的研究是真正的发现，所以它很有价值。隐形模式一旦得到充分的描述，就能迅速被同一文化里的人理解，因为这是司空见惯的文化现象。清楚揭示隐形模式以后，科学家需要的工作就是将其"写下来"。此后，传授隐形模式就比较容易了。

如今，我们的学校遇到很多困难；根子在于，老师试图灌输和传授的模式，或分析有偏颇，或分析有错误。在很多情况下，技术性的描述完全不符合事实。学童没有熟悉的感觉，反而觉得很陌生。事实上，孩子听老师讲的大量东西和他在课外学会的一切都抵触。以"语法"名义传授的大量内容就属于这种类型。以"can"和"may"的区别为例。教师花费大量时间灌输这两个动词的区别。起初，两者的区别是隐形的，和性别有关。男子和男孩说"can"，女子和女孩说"may"。妇女觉得"may"更优雅，坚持将其强加于男子，还假设一大堆"可能"和"不可能"的废话。然而时移事异，男女两性竞相效尤，因而"can"和"may"几乎混为一谈，没有什么区分的规则了。两个词在许多情况下都可以通用。

"Can"和"may"的区别是英语的许多隐形模式之一。另一种类型的隐形模式是所谓"上缀"（superfix），这是特雷格创制的术语。读者已经熟悉词首的前缀和词尾的后缀。顾名思义，上缀这个词指的是附加在单词或句子上的成分。

特雷格发现"上缀"，由此将一整套语法之类的现象从隐形的层次提升到技术性的层次。由于"上缀"的发现，界定不明、意义丰富的语音丛即所谓的"声调"之谜就得到破解。由于"上缀"的使用，特定语境下的形容词和名词的区分就显示出来了，这里所谓的上缀就是轻重音的强弱。以英语口语为例，green house（绿色的房子）、greenhouse（温室）和 Green house（格林家的住宅）全靠不同的重音来表现。顺便指出，法国人没有这样的语言模式，因而听不出这三种语境的差别。新的英语语法规则最终产生后，也许我们能用重音模式来描绘形容词与其他词的关系。

早先的语法学家未能分析一切隐形的语言模式，他们所做的许多分析不合标准，但如果因此而责备他们，那就不对了。然而，为了支持业已乏力的教育制度，为了我们的孩子能心宁神静，我们应该区别三种模式。这三种模式都可以学习和传授，但要用全然不同的方式。如前所述，学习隐形模式的最佳途径是选择楷模并尽量模仿；学习显形模式要依靠规诫；学习技术性模式则需要清楚的阐述。

除了区分这三种主要模式以外，特雷格和我还发现，所有的模式似乎都受三条规律的制约；它们是：有序律、选择律及和谐律。应该强调的是，除了这三条规律，也许还有其他一些制约模式的规律尚未被发现。这三条规律似乎只提供了一个开端。

8.2　模式有序律

顺序一变意义随即改变的规律就是有序律。"猫捉老鼠"和"老鼠捉猫"的意义显然不同。中世纪的大恶之一是做黑弥撒，所谓黑弥撒就是把弥撒的顺序颠倒的仪式。凡是熟悉交流艺术的人都很清楚，词、句、段落顺序的重组会造成什么后果。在句子之下，语音排列的顺序乃是构词的基础。有些词顺读倒读都一样，意义不变，这是对词序的偏离，却令人愉快；另一方面，有些词倒读时却另有意义。不同文化使用顺序的情况不一样。在我们的文化里，语序是语法系统的基础。

应该指出,语序在英语的句子层次上极端重要,在屈折语(inflected language)①里却不重要,对拉丁语和阿尔弗烈德国王时期的古英语就不重要。除了语言以外,顺序在其他文化系统中也十分重要,比如出生顺序、到达顺序和排队买票的顺序就重要。吃饭上菜的顺序也有讲究。试想,如果上菜的顺序是甜食—土豆—小吃—咖啡—色拉,并以荤菜收尾,那岂不滑稽?

在我们这样的文化里,顺序几乎渗透到一切活动中。但在其他一些文化里,有些顺序重要的活动也许是借以和其他文化区别的基本模式。海外的美国家庭妇女培训外国仆人时都很熟悉这样的困难,仆人难以掌握美国文化里的顺序模式,她们不得不再三重申上菜的顺序、清扫洗涤的日程安排。凡是听过美国侨民抱怨的人,大概都听到过一种趣闻:主人进餐的中途,仆人手捧点燃蜡烛的生日蛋糕突然闯进来。简言之,事件的高潮置于何处,在世界各地是不一样的。

了解顺序安排的文化差异是海外工作里的一个重要因素。美国人知道,在国内时,到达餐馆的先后决定点菜、上菜的顺序,受雇的时间即资历决定被解雇的先后顺序。美国人认为,最先来的人是应该最先享受服务的人。如果美国人已经在餐馆等候多时,后来者反而先受到招待,他们的血压就会上升。可是,在欧洲以外的很多地方,人们并不重视这样的先后顺序。相反,普遍通行的是选择律,享受服务的顺序取决于人的地位。

另一种顺序见于新墨西哥州和亚利桑那州的普韦布洛人的社会。在那里,年龄(出生顺序)决定威望、地位、尊敬和服从。重要的是,所有的社会都讲究顺序,有些看重人,有些看重情景,有些看重地位,但鲜有什么社会同时看重这三种顺序。

---

① 屈折语的特点是:词形变化丰富、词序相对不那么重要;语法倚重词法;由于词形变化丰富,句法不那么重要;动词、名词、形容词、副词甚至虚词都有形态变化。屈折语的例子有拉丁语、俄语等。

8.3 模式选择律

什么集合能结合起来使用,这是由选择律控制的。我们说 a boy(一个男孩),却说 an arm(一条手臂),选择律在这里起作用。Struck 和 stricken 是另一个例子,可以说明选择律的作用。我们说"awe-struck"(怀敬畏之心),却说"stricken dumb"(瞠目结舌),struck 和 stricken 的选择在这里起作用。我们说人被汽车撞用 struck,说人受悲伤的打击则用 stricken。至于如何选择,固有的逻辑并不存在。我们最多只能说,在如此这般情况下,选择可以按如下方式进行,然后再归纳一下总体的使用情况。比如,我们可以归纳,为什么我们驾车选择右行,而英国人却选择左行?和文化的其他方面一样,我们的选择模式随时间而变化。比如,有一个时期,男人穿金戴银、衣着花哨的潮流远远盛于今天的风尚。

一切模式里都有适合选择律起作用的位置,同理,所有模式里都有适合有序律起作用的位置。我们之所以能区别不同的模式,那是因为模式以不同的方式利用选择律和有序律。

上文谈及顺序在进食模式里的重要作用。同理,选择在进食模式里也发挥重要作用,但其角色不同。早餐的食物有限,可供选择的食物有:水果和果汁、麦片、浆果、咸肉、香肠、鸡蛋、煎饼、华夫饼、卷饼、土司、黄油、果冻或果酱,以及咖啡、茶或牛奶。由于地区不同,其他食品也可能进入早餐的模式,成为供项,如南方人吃粗燕麦粉,中西部人吃煎土豆。在今天的新英格兰,还有人早餐吃牛排和土豆,西部牛仔早餐也吃牛排和土豆,但人数越来越少。早餐的食谱不包括里脊牛排、绿龟汤、豉椒黄油焗生蚝。

在世界各地,选择律在社会关系模式中的作用都非常突出,在服饰、性别、工作和游戏中起作用——实际上,在一切基本讯息系统中起作用。若要判断选择律何时被用上,最简易的办法是看看哪些事物因习惯而派上了用场,而"按照逻辑"起同样作用的其他事物却没有用上。选择律要求,白领带要配黑色燕尾服;同理,总统的妻子或一名女眷要在白宫居住。我选用"选择"一词,是因为某物是从一个范畴中被"挑选出来"的。选择一旦发生,就带有武断的约束力。一般地说,人们对文化的武断性不甚了解,因为在其他文化领域中,文化有着极大的变通余地。选择是缺少变通性的主要例外。

8.4 模式和谐律

和有序律与选择律相比,和谐律更不容易准确地说明,其微妙指令则具有更强的约束力。有序律和选择律决定集合的模式,而和谐律则可谓模式的模式(pattern of patterns)。和谐是一切作家追求的目标,这就是作家各自的风格;和谐也是人人终生的追求。在最高的层次上,人对和谐的反应是敬畏或狂喜。完美的和谐绝无仅有。或许可以说,当模式的潜能被充分调动起来以后,和谐就应运而生。林肯的葛底斯堡演说就是一个范例。一切失序时,和谐就荡然无存;任何人都难以想象,如何忍受一团糟的生活。

服饰不协调总是一望而知的,而且常常有一点滑稽。请看看19世纪末无数表现印第安人的漫画,他们胯间缠着裹腰布,头戴丝绸帽——那不协调。一种文化借鉴另一种文化的建筑艺术时,常常就出现不协调,因为文化借用的往往是集合而不是模式。看看郊外的住宅,尽入眼底的是极不协调的希腊式廊柱和建筑细部。

在许多情况下,人们试图追求一个层次的和谐,却破坏了另一个层次的和谐。例如,学生错用形容词的最高级,说"most unique"(最独一无二),老师总是批评说,unique 说的不是程度问题,所以不能用"most"表示"最"。当然,这里的错误在于老师,他们用逻辑的标准来批评语言的习惯用法。实际上,每个形容词都有一个比较级和一个最高级。恰当的解释是,为了取得完全的和谐一致,unique 这个词就只能用于某些情景。

许多笑话都建立在这样那样不和谐的基础上。为了欣赏笑话的全部含义,读笑话、听笑话的人必须是讲本族语的人,其原因就在这里。如果不能觉察不协调的程度,你就笑不起来。一则老笑话说,一个布鲁克林的姑娘装腔作势,在高档饭店点一客"esters on the half shell"(去壳的蚝),可她的"a"却是波士顿口音。这一笑话之所以好笑,那是因为她在几个层次上不协调,她不仅用了两种地区方言,而且用了不规范的口音,还以为自己用的是上流社会的发音。

写作之所以能达成和谐一致的模式(风格),那是因为作者知道,在模式的限制范围内,他能做什么,不能做什么。报纸或新闻写作之所以有特定的风格,那是因为它要适应这一媒体及其要求。记者的文字不好,那是因为他不了解在模式的范围之内他能做什么。写好新闻需要高明的技巧,需要多年经验的积累。科学家的文字常常不协调,因为其风格使读者在不同的分析层次上疲于奔命,来回折腾。科学作品多半把读者当作不懂装懂的乡巴佬,说明科学家唯恐人们会歪曲、误解他的话并表示异议。科学家不得不同时在几个分析层次上传达意思,用脚注和过分的限定来表述。但为了维护我的科学家同行,我们应该说,世上最难的事情之一便是学会既保持风格的和谐,又分清不同的层次。哈里·沙利文对本世纪的精神治疗思想作出了巨大的贡献;他试图使自己的写作风格明白晓畅,曾经这样描绘他写作的情景:站在他面前、评估他的每句话的人既是白痴,又是吹毛求疵的偏执狂。沙利文并不是唯一有这种自我感觉的人。他认识到,硬将自己的文章塞进不容易讨好人的紧身衣,那是多么困难,需要何等的幽默。科学家写作的另一个特点是,大多数人更关心行文的准确,而不是行文的风格。他们需要同行来明白自己的话。因此,他们不需要作家那样的文字能力便能传达自己的意思。他们所关心的是科学思想的协调,而不是文学风格的和谐。

有一点似乎非常肯定。对和谐律,人们表现出不同程度的敏感性,完美无缺的和谐是难以企及的。它潜藏于每一种文化之中,只有少数人在罕见的创作中才能达到完美的和谐境界。和谐上乘,一切言简意赅,如行云流水,一切都表达得清清楚楚,那就是至上的完美艺术。作品到了那一境界,读者就会自问:为何别人的写作完美,自己却自愧不如?

人们都苦苦追求完美的和谐风格,都无休止地注意细节,注意集合、元素和总体的模式。一般地说,这样的追求表现为反反复复地打磨润色:使笔下的一切越来越清晰,直到一切妥帖,直到作者传达的意思和读者之间没有隔膜。

你也许认为,我们对模式和谐律所知甚多。其实,这个领域尚未成为清楚界定的科研领域。和谐律的概念与一般人对艺术佳作的信念大有不同,其区别在于,传统观念认为,艺术家仿佛能自立法则,创造杰作,无须参照文化模式。这并不是说,艺术家对"上乘"和"拙劣"的艺术没有驾驭能力。他们业已登堂入室。艺术家个人与其参与的整体模式之间存在着密切的关系。相比而言,有些艺术家对和谐的欠缺比较敏感,更用心减少不和谐引起的紧张。实际上,艺术家注入其作品的正是对模式不和谐的极端敏锐性。他们试图在模式范围内进行创作的感觉高度发达,把模式的潜能发挥到极致,推挤并延展其边界,却又不逾越雷池;他们维护艺术的魅力,而不是祛除其魅力。艺术家把玩模式,探索素材所能实现的种种效果。有时,他们在同人聚会的语境下探讨他们共同关注或感兴趣的东西,在文化紧张、应力和变革的领域探索。许多艺术家探讨如何偏离人们共享的总体模式,因此他们往往享有为他人树立典范的声誉。人们称赞他们"创造"了新的模式。但大多数艺术家知道,他们的伟大在于能够对周围的现象进行有意义的陈述。他们说出了别人想要说的话,不过说得更简洁、直接、准确、深刻,更富有洞见罢了。

艺术家并不领导文化,也不创造模式,他们举起镜子,让世人观看舍此看不见的东西。艺术反映文化,反映艺术家所处的时代。博物馆和艺术插图足以为证。漫步任何展品丰富的博物馆,看看当代图书里的插图,你就可以明白个中道理。

和谐"律"或广义的风格不仅渗透于艺术世界,而且遍及各种交流领域。然而迄今为止,我们对和谐律的运作只知皮毛,仅能勉强提供交流缺陷的少量例证。然而在国际争端中,人们在解读看似简单的问题时也会犯严重的错误,对于论辩者是真的怒气冲冲还是在虚声恫吓,也会判断失误,难怪会导致战争!有时,因不理解而导致的单纯的挫折也会使人恼羞成怒、诉诸武力,有人会觉得,动武至少会被对方理解。然而,道理是显而易见的,我们大可不必出此下策。追求和谐的驱动力十分强大,几乎和生存意志一样强烈。文化研究已在为我们提供真知灼见。文化研究尚需百尺竿头,不过鼓舞人心的是,理解工具正在发展之中。前景最被看好的两条路径是:对隐形模式的研究;对和谐律及其运行机制的认识。

第九章
时间在说话：美国口音

本书卷首就对时间做过粗略的分析，将其作为文化的要素进行考察，认为其强大的交际观念可以和语言媲美。那时，我的概念图示尚未详细展开，所以我的概览比较简略。现在，我已经介绍了探究文化奥秘的技术工具，就可以回头做进一步研究了。这里，我将考虑美国人利用时间、凭借时间交流的方式，突出说明周密分析揭示的细节和微妙机制。面对其中一些论点，读者难免一惊，却又心领神会，原来这是他们一向耳濡目染的现象；事情原本就应该是这样的。对自己文化的分析只不过是为了使日常生活中被视为理所当然的事情一目了然罢了。我们进入一个新的境界，对那些常常被视为理所当然的生存境遇，或沉重压在我们身上的诸多现象，我们与其积极地互动，会心地交流。谈论它们将使我们从其约束中解放出来。

美国的一位著名儿童研究权威指出，儿童通常要过了12岁才能掌握时间的概念。这个估计也许不无保守。这时的儿童虽然知道基本时间系统,但他们似乎既没有完全内化显形时间系统的微妙之处,也没有掌握其情感的弦外之音。

为什么儿童掌握时间的概念要花这么长的时间?答案不可能三言两语。事实上,当你开始发现其中包含那么多复杂的因素时,你也许会怀疑,我们是否真能完全把握微妙细腻的时间含义。

我介绍了显形、隐形和技术性三个系统,它们常使用相同的词汇。但对儿童或外国人而言,这样的划分并不能使这些词汇容易学习。例如,"年"是我们显形的或传统的时间系统成分。一年有 365 又 1/4 天,多余的时间用闰年来解决。一年也可意指 12 个月,或 52 个星期。

从隐形系统的层次上看,我们可以说:"这件事要猴年马月才能做完。"你必须身临其境,了解说话人及其说话背景,才能确切地知道他所谓"猴年马月"是什么意思。也许是几分钟、几星期,也可能真的是几年。

从技术性系统的层次上看,年又完全是另一回事。年不仅用日、时、分、秒来计算,而且还分为不同的种类和长度。在这三种时间系统里,人们也都以分、时、月、周为单位。但只有参照整个语境,你才明白具体所指的是哪一种时间系统。

几乎任何人都能回忆起童年的经历。一天黄昏回家时,你问妈妈:"妈妈,我累了,还要多久才能到家?"母亲回答说:"就一会儿,亲爱的。乖乖,不知不觉就到了。"

"一会儿是多久?""很难说,亲爱的。""妈妈,是 5 分钟吗?""有时是的,但并不总是。今天的一会儿比 5 分钟多一点。""哦。"

至此,孩子便不作声,至少是暂时放弃,不再追问了。

时间不仅有三种,而且每种都可再分,各有其集合、元素和模式。我们的文化有九种不同的时间。所幸的是,为了省事,普通人不必了解整个技术性系统,也能活得很好。不过,他们依靠别人了解技术性时间系统。

普通人想在技术的层次了解时间时,他们可能会问天文学家,一年究竟有多长。天文学家会反问他们所指的是哪一种年,这时他们才发现自己的无知。回归年或太阳年是 365 天 5 小时 48 分 45.51 秒,再加上一个小数;恒星年是 365 天 6 小时 9 分 9.54 秒;近点年是 365 天 6 小时 13 分 53.1 秒。

我们的显形时间系统是我们总体文化系统的一部分,我们不想改变这一系统,也不想别人来破坏它。不过,被我们视为理所当然的显形时间系统也曾经是技术性系统,只有少数尼罗河流域的祭司才能掌握;在准确预告每年的汛期时,他们回应时间的需要,完善技术性的时间系统。

9.1 显形时间系统:集合、元素和模式

若要发现欧洲时间集合的运行机制,捷径就是向儿童传授这些集合。"日"是显形的集合,深深扎根于过去。它有两个基本元素:昼和夜。昼又可以分为上午和下午,还可以用进餐、午睡等周期性的事件作为间隔。"日"有七种:星期一、星期二、星期三直至星期日。每一天被赋予不同的价值,星期天更有特殊的价值。到 6 岁时,儿童一般掌握了这些概念。到了 8 岁,大多数儿童学会了看钟表。学习时间的过程可以简化,我们可以向孩子解释,只有两种时间,即两种集合:"时"和"分"。钟表上的 1 到 12 必须十分熟悉,要一眼就能认出。在掌握"分"的概念之前,儿童只有"一刻钟"的概念,这是对他们最有用的元素:五点一刻,五点半,五点三刻,他们很快就明白了这些概念。向儿童讲授"分"的概念时,起初不应将其当作元素,而应将其当作集合,一共有 60 个"分"的集合。但是,儿童不能感知 1 分钟的观念;为了使其生活容易一些,我们可以把 5 分钟合为一个时间段,因而得到 5 分、10 分、15 分等观念,直到 55 分。最后,"时"和"分"这两种集合的集合就

混合成一个时间系统了。

在美国，任何东部人或中西部的城里人，只要他熟悉自己的文化对时间的评价方式，都可以感觉到，5分钟不同于10分钟。就是说，5分钟是最小的隐形集合。不久前，5分钟才越过边界，从元素变成集合。20年前，5分钟是一个元素，几个5分钟构成一刻钟。如今，人们能意识到，自己是否迟到了5分钟，如果是就会道歉。

在犹他州，摩门教徒把迅捷的意识发挥到极致，其他州的人难以企及。在他们的时间系统里，"分"似乎是一个不能背离的时间集合。在西北海岸，人们对时间的传统感觉改变了，不像其他人那样有时间的紧迫感。这里的人使用的时间结构与其他地方无异，但他们不太受时间的驱使。主要的区别是，他们缺乏隐形的紧迫元素。

在5分钟这个单位之上，有10分钟、一刻钟、半小时和一小时等时段。此外，上午又分成早、中、晚三段；然后是中午；下午也分为早、中、晚三段。晚上的时间也可以做类似的划分。

从显形系统来说，一日之始在于子夜。也许，儿童最早感知的时段是吃饭、睡眠和不睡觉的时间。电视加速了儿童注意时间差异的过程，比如，他们注意到下午5点和6点的差异，因为这是他们所喜爱的电视节目开播的时间。

星期也是一个集合，这是埃及人创制的技术性时间系统的一部分。然而，这不是普适的概念。和其他许多盎格鲁—撒克逊遗存一样，"双周"（fortnight）一词保留到现今的时间系统内，使人想起过去的时代。如今，它仍然是政府雇员计算薪水的时间或一些杂志的发行期。但"fortnight"这个词有一点过时，逐渐被废弃了。和"日"一样，"月"也是一个集合，久已在我们的时间系统里确立。"月"是用于发薪、结账、发布各种报告和拘押刑期的时间单位。

"季"既是显形的集合，又是隐形的集合。它也许是最古老的集合之一，古人用它来标示耕地、播种、栽培和收获的时间，以及让土地休整的时间。当然,现在既有传统的春夏秋冬四季,还有狩猎、捕鱼、滑雪、旅游或圣诞等季节。春夏秋冬四季大概和季度(quarter)的概念有关;不过,季度一词与年历的关系紧密,而季节一词历史悠久,植根于气候变化,与农事相关。

显形的时间元素难以精确界定。和一切元素一样,时间元素仅仅是一种抽象。然而,因为它们是显形的抽象,似乎既正确又妥当,所以就很难为人所注意;因为看上去"自然",所以它们常常被人忽略。

无疑,下列所谓真正的显形时间元素不可能详尽无遗。这个清单所列包括我所谓的有序性(ordering)、周期性(cyclicity)、综合性(synthesisity)、价值性(valuation)、实在性(tangibility)、延续性(duration)和深度(depth)。

星期之所以为星期,不仅是因为它有七天,还因为这七天有一个固定的顺序。顺序作为一种显形的元素似乎是秩序的表达,就像有序律、选择律与和谐律里的秩序一样。西方世界把顺序的概念发挥得淋漓尽致。换句话说,我们按顺序记录原本相同的事物,仅仅以此进行区别。第600万辆福特汽车成为一个里程碑。同理,航空公司飞行达到5000万客英里(passenger-mile),也成了一个里程碑。头胎的孩子、第一任总统、第一把交椅、第二号人物、千人团体里的第十位,都因其排序而获得了特定意义。第七天不同于第一天;一个星期的中间不同于周末,如此等等。

就大多数在时间进程中展开的事件而言,周期性被认为是理所当然的。一天又一天,一周又一周,一年又一年,一个世纪又一个世纪。常见的周期数量有限。有以60为周期的系列(60分钟和60秒钟),有以7天为一星期、12个月为一年的周期。

时间的价值性元素表现在我们的态度中,我们认为,时间是宝贵的,不应该浪费。

时间的实在性表现为这样一个观点:我们视之为商品,可以购买、

第九章　时间在说话：美国口音

出售、节省、花费、浪费、丧失、弥补和计量。

在欧洲传统中成长的人认为,时间发生在两点之间。在西方世界,有关时间的性质有一个隐隐约约广为接受的假设,那就是时间的延续性。我们有些人对此习以为常,将延续性视为理所当然;他们认为,以任何其他方式组织生活都是不太可能的。然而,人类生存的奇迹之一便是在如此基本的时间问题上表现出繁花似锦、五彩缤纷的多样性。例如,霍皮人与我们之间就有一道巨大的文化鸿沟。他们认为,时间不是延续的现象,而是许多不同的事物。它不像我们认为的那样是流动的或可计量的事物,也不是一种量。它是谷物成熟或牧羊长大的现象,一个由典型事件组成的序列。它是生物上演生命戏剧的自然过程。因此,凡是因外部条件而变化的事物都拥有不同的时间。过去,人们常看见霍皮人修建之中的房子,年复一年,却难以完工。显然,他们根本没有完工的概念,没有想到房屋能够或应该在一段时间内盖好,因为他们认为,在庄稼和绵羊生长的过程中固有的时间观念不能用于盖房子这样的工作。这种看待时间的方式使政府在工程项目中花费了大笔资金,因为霍皮人不能设想在一段固定的时间里建成一座水坝或一条道路。试图使他们按日程完工的努力被理解成是在恫吓,结果反而更糟。

前文已提及,较之非洲时间系统,美国人的时间单位如分钟和小时必须要相加才能构成一个系统。美国人有一个预设,他们使用的是一种综合性的(synthesized)时间系统。为何时间必须相加？基本的原因是,我们一开始就设想:我们使用的是一个系统,宇宙万物有秩序。我们觉得,人类的使命就是发现秩序,创建反映秩序的思想模型。我们以这样的方式去审视万物,受这种设想驱使,我们几乎想要综合万物。每当我们与之打交道的民族缺乏这种综合性的时间元素时,我们就感到遇到了困难。我们觉得,他们似乎是少了一种感官,不能感知到自然的某一方面。这种综合性的时间元素是我们的基本尺度,是评价周围生命活动的标尺,即使不是衡量全部生命现象至少是衡量大多数生命现象的标尺。

美国人把深度(depth)视为时间的必要成分;换言之,现在建立在过去的基础上。不过,我们的时间深度元素不像中东和南亚那样精确。阿拉伯人把自己的源头追溯到2000年至6000年以前,历史几乎被视作一切现代行为的基础。他们在谈话、演说或分析问题前,很可能要先做一番历史铺垫。美国人认为,时间有深度,却将其视为理所当然。

美国读者不会费神去思考显形时间模式,但大多数这样的模式对他们是一目了然的。倘若不容易辨认,它们就不成其为显形模式了。但为了方便外国读者,我还是在此扼要归纳一下美国的显形时间模式。

美国人很少质疑:时间应该有计划,将来的事情要纳入计划之中。我们认为应该展望未来,不要过多回顾过去。我们的未来不远,必须在可预见的未来取得成果,一年两年,最多五年十年。任何期限都必须信守,任何约会都必须认真对待。迟到、爽约要受到惩罚。由此可以推测,美国人认为,量化时间是自然的事情,不能量化时间是不可思议的。美国人明确规定,每一件事情需要多少时间。"我10分钟到。""我用6个月完成那项工作。""我在军队里待了4年半。"

和其他许多民族一样,美国人把时间当作一根链条,把许多事情串起来。"发生于其后的事情必然是其结果。"(*Post hoc, ergo propter hoc.*)这仍然是我们的文化传统结构里不可分割的一部分。面对接踵而至的事件,我们总是将后者归之于前者的结果,并在两者之间寻找因果联系。如果乙被谋害后不久,有人在现场附近曾见过甲,我们会不由自主地把乙的遇害和甲联系起来。反之,如果事情相隔很久,我们就难以将它们联系起来。所以,我们这个民族几乎不可能做长远规划。

9.2 隐形时间系统：集合、元素和模式

隐形时间的词汇常常和显形时间以及技术性时间的词汇相同,这就使问题更加复杂,对此,学习文化的年轻人和试图分析文化的科学家都感到格外为难。分、秒、年这些词是这三种时间系统共用的词汇。不过,说话人的语境通常会告诉我们,他是在哪一个层次上说话。当然,有一些词语是典型的隐形时间用语,并且本身也是容易辨认的,"一会儿""稍后""很久"等就是隐形时间用语。我们先从集合着手描绘隐形时间,因为集合是最容易感知的。

有人说"得过一会儿"时,你若要判断他这"一会儿"究竟是多久,就得熟悉他的脾气,还要对总体的语境有相当的了解。其实,这"一会儿"并不像看起来那样模糊;掌握了这两方面信息的人通常能判断其意思。再者,如果一个人平时所说的"一会儿"是指 30 到 45 分钟,而当他过了一个小时才来赴约时,他就会道歉,并说明为何比预计的时间晚。这正好证明,他自己意识到,要求延长"一会儿"也是有限度的。

隐形时间的基本词汇甚为简单。美国人能区分八九个。仿佛我们在用很有弹性的橡皮尺计量隐形时间,但无论这一尺度是无限拉长或无限压缩,这八九个词汇依然维持基本的关系,不会改变。以隐形时间的尺度衡量,最短的时间是"瞬间",最长的时间是"永远",两者之间的时间间隔是："很短""短""不长不短""长""很长""无限长"。这"无限长"有时就难以和"永远"区分了。

一般而言,隐形时间很模糊,因为其特征是随情景而异。环境一变,计量的时间就随之改变。"最长""永远"和"永恒"都可以用来描述感觉过长的时间。根据不同的情况,"永恒"也许是首次进行高台跳水的人触水前的感觉,也可能是离乡背井一个月的感觉。

在隐形时间层面上,美国东部同侪间的重要业务约会,通常用八

个时间集合来表示赴约的情况。准时是其一，其他集合是早到或迟到5分钟、10分钟、15分钟、20分钟、30分钟、45分钟和一小时。记住，情况会有所变化，每一个时间点的行为模式可能会略有变异，时间尺度上每一点的意义也可能略有变异。至于约会时间的长短，与重要人物谈一个小时和30分钟的意义，显然是不一样的。试想这句话的意义："他与总统密谈了一个多小时。"人人都知道，这次谈话必定至关重要。又如，"他只能抽出10分钟，因此我们所获甚微"。看来，用时间传递信息，明白无误，直截了当，不亚于语词。就准时而言，任何理智健全的美国人都不可能让业务伙计苦等一个小时，那太伤人。即使你百般赔不是，也不可能消除对对方心理的冲击。

即使是5分钟这个时段也有一些意味深长的细分。同侪相会时，一般都会早到2分钟或迟到2分钟，但不会说什么，因为这2分钟不重要。迟到3分钟亦不必道歉，不必非说些什么不可（注意3分钟是5分钟时段里第一个重要的拐点）。迟到5分钟时一般要明确致歉，话要说清。早到4分钟或迟到4分钟要略表歉意，话未必说清。如果描绘实际的情况，我们就会痛感，仔细观察隐形文化是多么重要。一位美国大使由于不了解所在国的时间，因而错误解读了当地外交官对互访时间的理解。在他们的系统中，白天造访时，迟到一个小时相当于我们迟到5分钟，迟到50至55分钟相当于我们迟到4分钟，迟到45分钟相当于我们迟到3分钟，如此等等。根据他们的标准，当地外交官不能准时到；按照他们的文化，准时可能会被解读为听任美国人摆布，失去行动自由。然而，他们又不愿意怠慢客人。既然迟到一个小时太久，那就迟到55分钟吧！结果大使说："你怎么能信赖这些人？他们迟到了一个小时，却只是咕哝一声，连一句道歉的话都不明说。你怎么能信赖他们呢？"大使禁不住会有这样的感觉，因为在美国人的观念里，迟到50分钟至55分钟是对人的羞辱，是时间尺度中最长的极限。但在他的所在国，迟到这么久却正好是规范。

第九章
时间在说话：美国口音

为求了解另一种划分隐形时间的方式，试想地中海东岸的阿拉伯人。他们划分时间的等级比我们少。他们只分三段，我们却分八段。他们的三个时间集合似乎是：短至不必考虑的一刹那、长短略有伸缩的现在（目前）、永远（太久）。在阿拉伯世界，长久和很久的分别是难以感知的。东地中海的阿拉伯人根本就不做这样的区分。

如果读者静坐片刻，仔细重温他感觉时间飞快或难熬的经验，隐形时间元素的意义就会更加清楚。如果他留意当时造成那种感觉的原因，那就会多有所获。如果再进一步思考自己如何区别很短和很长的感觉，而不管实际的钟表时间，那么，他就能步入坦途，快要理解美国时间系统的运行机制了。在以下这段文字里，我们试图扼要介绍人们业已知道却难以准确表达的时间概念。

四种隐形时间元素使人能区分上述时间集合。这四个元素难以名状，它们是紧迫性（urgency）、一元时间性（monochronism）、活动性（activity）和多样性（variety）。

时间过得太快或太慢的印象与紧迫性有关。需要越迫切，时间就显得越慢。这一感觉适用于一切现象，包括基本的生理需要和文化需要。一个求胜心切、欲攀高峰的人会觉得关山险阻、困难重重；相比而言，以平常心对待成功的人就不会遭遇那么多磨难。患儿的父母紧迫求医时会觉得时间难熬，眼看旱灾使庄稼枯萎的农夫也度日如年。这样的例子俯拾皆是。然而，更准确地说，我们将紧迫性视作隐形的时间元素时，并没有包含其他层次的分析：首先，在不同的分析层次上，紧迫性既是集合又是模式。其次，我们的各种紧迫性不同于西欧文化的紧迫性。在海外游历的美国人缺乏紧迫感，这是十分明显的。

在世界各地，甚至在处于生理上的迫切需要时，人们的处理方式也各不相同。在许多国家，人们生理上有迫切需要时就及时释放；美国人比较能忍耐，只有需要很迫切时，他们才有所行动。

美国公厕的分布情况反映出，连正常的迫切生理需要，我们也倾向于否定。一旦离家或走出办公室,我们就长时间地受"折磨",因为人们费尽心思掩藏卫生间。然而,我们却常以盥洗设备的状况来评判他人的进步程度。你耳边总是能听到建筑师和店主谈新店铺的盥洗室。店主说:"嗨,真漂亮!但你为什么把它深藏起来,非要有地图才能找得到?"建筑师:"很高兴你喜欢。我们精心设计,费尽心思配那些瓷砖。你注意到洗手盆上安的防溅水的龙头了吧?应该承认,这卫生间是有点难找,不过我们想,除非内急,人们是不会用它的。反正客人可以问店员。"

一元时间这个元素的意思是一次做一件事。美国文化是典型的一元时间文化(monochronic culture)。在海外工作时,我们赴约走进一间办公室,却发现对方需要处理其他事务,总是很尴尬。我们的理想是先集中精力办好一件事,然后再做其他的事情。

北欧人和与其文化相同的美国人时常做的一种区分是,人是否在从事一种活动(activity)。实际上,我们总是将任何事情分为"活动"与"休眠"两种状态。我用"活动"的拉丁语词根 ageric 来称这个时间元素。我们认为,静坐冥想、反躬自省时,人没有做事。因此才有人说,"你好像没有做事,我进来看看,和你聊聊天"。当然,祈祷是例外,因为与其相关的体姿特殊,容易辨认。

相反,在其他许多文化里,静坐时也在做事。纳瓦霍人、特鲁克人、地中海东的阿拉伯人、日本人以及印度许多民族的文化就是这样的文化。他们并不区分活动与否。由此可见,文化有两种:动态文化(ageric culture)和静态文化(non-ageric culture)。如果在处理"时间流逝"的过程中,做事与否不予区分,那么,这种文化就是静的文化。我们却与此相反,我们必须工作,才能够感觉到时间的流逝。我们不会自然而然随时间前进。在上述"静"的文化中,动起来做事情并不那么重要。

多样性元素使我们能区分时间的长短,比如短时间和长时间的区分,长时间和很长时间的区分。多样性还是避免无聊的因素,感觉无聊的程度取决于时间流动的速度。

在工作、职业生涯和兴趣爱好中,我们寻求多样性。我们的公众"需要"各种各样的物质享受、食品、衣物等等。试想我们对吃的追求,很少有人能够说出,三天后我们午饭、晚饭吃什么,遑论明年吃什么。然而另一方面,世上有千百万人很清楚,如果有吃的,他们下一顿吃的是什么:和今天、昨天以及前天吃的东西一模一样。

对我们而言,生活的丰富多彩事关重大。以二八娇女的抱怨为例,她们对母亲说,舞会上没有男孩子,其意思是没有新面孔。我们求新求异的渴望似乎超过当今世上任何其他文化。对我们这样的经济成就而言,这样的追求是必然的结果。如果不进行不断的革新,我们就不可能维持工业生产的扩张。

在隐形的时间层次上,基本的区分是同样与多样的区分。有了多样性,时间就过得快。身陷囹圄、不见天日就分不清昼夜,显然就丧失了时间流逝的感觉。长此以往就会迷乱,就会"心智失常"。

与活动性一样,我们将多样性与外界的事情联系在一起。在我们自己身上,我们并不把成熟和衰老即年龄的增长看作多样和变异,除非是说别人。我们说,"天哪,自从上次见面以来,他真的老多了"。但是,新墨西哥的普韦布洛人却认为,年老是可以体会到的经验积累。其意义是在社群里地位的提高、决策时分量的增加。按照普韦布洛人的观点,多样性是人生的自然成分,是自我的固有成分,这个观点与我们的人生观截然不同。

小结一下对隐形时间元素的讨论,我们可以说,决定做事所花时间的长短有四个标准:事情的紧迫程度;是否一次做几件事;是否忙碌;做事过程中的多样性。在文化的隐形时间元素里,我们发现时间的积木块,它们构成了文化的典型价值和驱力。

时间的隐形模式是常被人忽视的因素。这并非是由于人的盲目、愚蠢或顽固。不过,面对沉甸甸的其他证据,人们还是顽固坚守原有的隐形模式；在这个意义上，人倒是盲目、愚蠢或顽固的。

在同一时间内参与两个模式的活动，似乎不可能。下文将要显示，必须停止使用一个模式，你才能使用另一个模式。再者，一旦学会以后，模式就永远停泊在团体和机构的行为里。它们是做事的方式，在童年时学会，也是赏罚的依据。因此，人们固守习得的模式，对其他模式则不屑一顾，也就不足为奇了。

时间的隐形模式即使并非绝不可能阐述清楚，至少是很难得说清楚的。它们就像我们周围的空气一样无处不在，有些模式既感觉熟悉又令人舒服，有些则感觉陌生且令人不快。人们对偏离模式的现象反应强烈，很动感情，因为那种做法不是我们的行为方式。当然，"我们的行为方式"必定有一些文过饰非的技术性支撑，得到一些辩护词的强化，比如，"如果你迟到5分钟，让10个人等你开会，你差不多浪费了他们一个小时"。

在美国，时间尺度上的时间点具有模式的性质，对待各点之间的距离的态度也具有模式的性质。大体上，点与点之间的距离是不容破坏的。换句话说，与其他某些系统相比，各点之间的时段只允许有限的延伸或改动。这种感知时间的方式起始于童年时代。妈妈说："我早就对你说过，你可以和苏珊玩到5点钟，怎么玩这么久，到了吃晚饭的时间，你这是什么意思？"稍大一点，我们听见父亲对一位朋友说："我答应和约翰尼一起工作一个小时，搭建树屋，要是时间太短，说不过去。"成年以后，我们又常听见这样的话："可是琼斯先生，布朗先生想要见你，这是第三次了。你答应过，至少要花30分钟，和他一道讨论这些说明条文细目的。"

日程一旦制定，时间点之间"距离"的位置就固定下来，模式几乎不容更改；同理，时间尺度上的内容和时间点也不允许做太大的改动。如果约定在10点钟会晤谈合同，11点结束，那是不容轻易变动的；如果除了洽谈合同，你还谈其他事情，那就不可能不冒犯人。日程一旦

第九章
时间在说话：美国口音

制定，几乎就神圣不可侵犯；根据我们文化的隐形指令，不仅迟到是错误的，修改日程、变更约会时间、偏离议事日程，都违背我们的隐形模式。

在其他文化里，时间模式在多大程度上是一个因素，这一点尚难准确判断。然而，有情况表明，对一个时间段内的内容或议程的处理方式可以大不相同。再以中东为例，一方不直截了当讨论会议正题时，其意思是，他们不能同意你的意见，但又不想让你失望；或者简单地说，他们不能考虑那个议题，因为时机不成熟。此外，他们很可能觉得，不预定议题就会晤也未必不妥当。

我们的模式要求事先非正式地确定议事日程。总的来说我们觉得，在半公开场合商谈议事日程是不太舒服的，而俄国人就是这样做的。我们喜欢让双方谈论正题，否则双方都不必出席；双方要充分讨论议题才不至于浪费时间。而从俄国人的某种迹象看，如果真的值得谈，那么，在半公开场合就有关各点磋商时，一方总是会向对方泄露出一些信号，说明在正式的会谈中自己这一方面将作出什么反应。初步商谈时，我们的身段柔和，因为我们尚未在技术层面确定议程，仅仅是非正式地就日程进行磋商。我们的姿态常常被对方视为软弱，或者给对方留下这样的印象：我们会在某些问题上让步。实际上，我们并没有让步的打算。

上文曾经指出，一个时间段的内容和时限神圣不可侵犯。然而，如果议题已获得圆满解决，或者看上去不可能取得进展，那么，会议或访谈的时间就可以缩短。但这常常使人觉得有点好笑。大体上说，我们的主导模式是，你一旦拟订了日程，就必须按计划实施，即使结果证明并非必需、未必有利也要坚守日程。

这一切都使阿拉伯人觉得光怪陆离。他们从一点出发，直到完成任务，或遭遇什么干扰而被迫停止。时间是在某一特定点前后发生的事情。比较这两种时间系统时要记住，美国人移动日程上的分隔点时，必然会触犯模式的规范，而阿拉伯人却不会触犯什么规范。我们认为,这种时间分隔神圣不可侵犯。给一种活动分派许多时间以后,如果想进一步确定多少时间才恰当,我们可以做一两次微调,但不能不断移动时间分隔的界限,即使这一活动真的需要一些弹性也不行。在美国文化里,时间之墙僵化不动的模式适用于大多数情况,包括很长的时段,比如,完成大学学业需要的年限就比较固定。

我们不必出国就可以看到截然不同的时间模式。家庭之间、男女之间、不同职业、不同地位和不同地区之间,都可能有时间模式的差异。此外,两种基本的美国时间模式常发生冲突。我称其为"散点模式"(diffused point pattern)和"位移点模式"(displaced point pattern)。两种模式的区别在于,时间点的机动余地是在某一边,还是散布在它的周围。

比较这两种模式参与者的行为,就可以看到如下情形:以上午8:30这个时间点为例,"位移点模式"的人提前到,到达的时间在8:00到8:27之间(算得很精确),多数人在8:25左右到达;相反,"散点模式"的人到达的时间在8:25到8:45之间。由此可见,这两种人的模式不会有重叠。

读者不妨回想自己晚间赴约的行为。应邀9点钟赴约的人绝不会想到用白天的"散点模式"。"位移点模式"带有强制性,通常是迟到10至15分钟,但不超过35或40分钟。如果是应邀赴宴,由于有餐前的鸡尾酒会,迟到的余地就少得多。7点钟的约会可在7:05分到达,但不能晚于7:15。如果7:20以后才到,那就要"咕哝几句"道歉的话。到了7:30还未露面,人们就会不耐烦地左顾右盼说,"恐怕史密斯家有什么事吧"。女主人烤箱里的肉已经熟透,只等客人到来。在纽约市,5点钟到8点钟的鸡尾酒会与晚宴差别很大。赴鸡尾酒会的时间可以在6:00至7:30之间,然后待几个小时;相反,晚宴上容许迟到的时间最多也就10分钟。

从以上例子看,位移点如何发挥作用取决于以下三种情况:(1)社交的类型和宴请的饮食;(2)会晤或造访者的地位;(3)应邀者处理时间的方式。

办公室的时间模式突然转变,从"散点模式"向带有强制性的"位移点模式"转变时,人们就觉得很不舒服。"散点模式"的人永远不可能对其他时间模式感到自在。专业人士常常认为,这种转变剥夺了他们的地位优越感。换言之,他们觉得,自己在老板心目中的地位降低了。这是因为,老板见"要人"用"位移点模式",见社会地位悬殊的人也用这一模式。另一方面,坚持"位移点模式"的人似乎认为,别人都没有敬业精神,懒散,组织性差,士气低落。他们觉得对别人缺乏控制力度;不信赖那些对"准时"抱随意态度的学者。他们坚持不懈地限制科学家,强加僵硬的时间表,强制执行"位移点时间模式"。近年来,许多科学家之所以被迫离开政府工作岗位,强制推行"位移点时间模式"就是原因之一。

在美国各地,对待时间的态度似乎变幻无穷。然而实际上,这样的差异与各地方言的差异是相似的。人人都分享这个总体的模式,所以无论走到哪里,我们都能相互理解。

在犹他州,摩门教徒首先采用技术性的时间系统,稍后又形成强烈的隐形时间系统,强调守时,所以你发现,他们的"位移点时间模式"几乎没有变通的余地。也就是说,他们要求比规定的时间提前一点到达,如果迟到,那也不得超过一分钟。因为根据他们的系统,宁可早到,不能迟到,要像军人一样准时。其他美国人得到的讯息是,摩门教徒比一般美国人工作更认真。

其他美国人觉得,美国西北海岸地区的人对时间的态度也很奇怪。如果他想让某人下午6:30到达,通常会要求对方6:00到。迟到4分钟就道歉的情况非常罕见。

另一方面,比较传统的南方似乎放慢了节奏,两种时间模式都用,但允许大量变通的余地。你可以看到,和美国东北部的人相比,他们允许偏离规定时间的余地大,幅度也大。美国老西部的情形也是如此。

第十章
空间的语言

每一个生物体都有一个身体的边界,借以与外界分离。从细菌和单细胞起直到人类,每个有机体都有一个可以察知的界限,借以标志身体的起始点。然而,除了种系发生的尺度之外,还有一个超乎身体的非身体边界。和身体边界相比,这个新的边界难以划定,但的确存在。我们称之为"有机体的领地"。张扬并捍卫领地的行为被称作领地欲(territoriality)。本章最关注的就是领地欲。在人身上,领地欲已发挥得淋漓尽致,而且不同文化的领地欲千差万别。

凡是熟悉家犬尤其是农牧场看家犬的人,无不熟悉狗对待空间的方式。首先,狗知道他的主人"庭院"的界限,努力捍卫,防止他人入侵。它睡觉也有特定的场所:火炉边或厨房里;如果主人允许,他在餐厅还有一席之地。总之,狗有固定的、经常出没的场所,其出没点因情况而定。我们还看到,狗在自己周围划定了一些活动区域。若有人逾越那些无形的边界,狗必然要作出反应,因为那些边界对它有特定的意义。至于反应的方式和程度,则要看入侵者与它的关系,以及入侵者进入的地区。

捍卫领地的行为在哺育幼崽的母狗身上尤其突出。母狗在弃用的谷仓里产崽后,自然将谷仓视为领地。有人开门时,她会在角落里动一动。当入侵者向里走10至15英尺时,也许不会出什么事。但再往前走,母狗就会抬头、起身、站起来走一走,然后才躺下,因为入侵者越过了又一条无形的界线。你可以后退并观察它何时垂下头,不再表示警惕,就可以确定这条界线。如果入侵者越过了其他的界线,它就会发出其他的信号,比如拍打尾巴、低吼或狂吠。

在其他脊椎动物比如鱼类、鸟类和哺乳动物身上,也可以看见类似的行为。鸟类的领地欲很强,它们捍卫领地,防范入侵,年复一年地回到自己的领地。凡是看见过知更鸟每年回归旧巢的人,对动物的领地行为,都不会觉得奇怪。海豹、海豚和鲸类年复一年地回到习惯的繁殖地。我们发现,海豹年复一年地回到同一块岩石上来产崽。

人的领地欲之强烈无与伦比。我们对空间的态度仿佛对待性事的态度,明知道它,却不说出来。即使说起,也不会在技术性的层面上高谈阔论,而是会一本正经。如果客人无意之间坐了"男主人的椅子",男主人总是要抱歉地提醒客人,请客人在其他椅子上就座。许多人都有过这样的经验,走进一间屋子,看见一张大安乐椅,走上前去,但突然停步,转身对主人说道:"这是你的椅子吧?"当然,回答一般是彬彬有礼的。试想,如果主人发泄自己真实的情感,那会是什么后果?他不会说:"你要坐的是我的椅子,我不喜欢别人坐我的椅子!"我们的文化往往要求我们低调处理这样的事情,使我们压抑或疏解我们对空间的感情。我们将其归为隐形的文化模式,因别人占据自己的位置而动怒时,我们常会感到内疚。

领地欲形成的速度很快,听讲休息后重新就座的情况就足以为例。很大一部分听众会回到原来的座位。而且,如果有人发现自己的座位被人占据时,他就会注意到自己在瞬间有一丝不快。这是昔日赶走入侵者冲动的残余。入侵者也会意识到领地欲冲动,他会转过身或抬起头来说:"我没有占您的座位吧?"你只好言不由衷地说:"没有,没有,我正打算挪个地方。"

一次,我对一群准备出国的美国人讲这个问题。一位非常和蔼的女士举手说:"您的意思是说,当另一个女人在我的厨房里忙着张罗时,我感到不悦是很自然的?"我回答说:"不仅是自然的,而且,大多数美国妇女对自己的厨房一往情深,连母亲到女儿的厨房帮忙洗碗,女儿也会不快。"厨房是决定"谁主管这个家"的场所。所有的妇女都明白这个道理,有些人甚至能就此而长篇大论。女儿嫁出去以后,如果不能以主妇的身份掌管好厨房,她就会屈居于入侵者之下。

她接着说:"您的话使我感到无限宽慰。我的母亲和三个姐姐每次进城来看我,总是径直走进厨房,反客为主。我想叫她们离开,心想,她们有自己的厨房,这是我的厨房,但说不出口,觉得这样不友善,我不该有这些想法。你的话使我宽慰,因为我的想法没错。"

如果父亲有一间工作坊,那当然就是他神圣的领土,孩子们最好避开。如果他有书房,那当然也是他的领地。

我们出国旅游,看到人们对待空间的方式时,常常会感到吃惊,我们对这方面的差异的反应很强烈。我们不知道把空间从与其相关的文化成分中分离出来看待,由此引起的感觉常被归于别的原因。在成长的过程中,人们掌握了成千上万的空间信号,它们各有自己的语境和意义。这些信号"释放"的反应早有其特定的功能,很像巴甫洛夫的铃声会使狗分泌唾液一样。至于空间记忆有多准确,至今尚无人做过全面的测试;但有迹象表明,空间记忆是异常持久的。

不知不觉间,无数的经验告诉我们,空间也会传达信息。然而,如果不知道每种文化组织空间都有其独特的方式,我们对空间的认识也许永远不可能提升到意识的层次。几乎可以肯定,一种文化中的成员的空间联想和感觉在另一种文化中会有别的含义。有时我们说,有些外国人"咄咄逼人",实际上是在说,他们处理空间的方式使我们产生这样的联想。

我们常常忽视,空间反应一直就存在于我们身上。外国人的空间反应使人生气、引起攻击性时,本意善良的人不必为此而感到内疚。重要的是了解正在发生的事情,努力找出诱发气愤和攻击性的信号。如果可能的话,下一步就是发现这个人是真想使人生气,还是想要引发另一种反应。

破解外国文化里独特的空间信号是痛苦而艰难的过程。一般说来,更容易的做法是,新来者听取"老手"的介绍,然后再根据"老手"的经验来检验自己的经验。最初他也许会听人这样说:"你初来乍到,要习惯那些人在你周围拥挤,还真不容易。譬如说吧,你想买一张戏票,他们不会排队等候,而是一个劲往里挤,要把钱塞给售票员,你也不得不推推搡搡,否则就别想站稳脚跟,那劲头真可怕。天哪,上一次买票时,我好不容易才挤到窗口,把头伸进去,但五六只手臂越过我的肩头伸进去,拼命挥舞钞票。"也许,他还会听人说:"坐电车简直像玩命,比我们的地铁糟糕。但这些人似乎根本就不在乎。"这些"老手"的感觉有一些和我们的文化有关。我们的文化模式不鼓励身体的接触,只有亲密无间时才例外。我们乘电车或电梯时,会"缩紧身子",因为我们从小就听大人说,要避免和陌生人的身体接触。可是在国外,当相互矛盾的情感同时来袭时,我们就会不知所措。陌生的语言、不同的气味和手势,以及大量的信号和符号如枪林弹雨,轰击着我们的感官。

但是,那些在国外待过的"老手"的经验能够为"新手"提供预警。克服空间语言的"口音"和克服说话的"口音"一样重要,有时甚至更重要。我们不妨对"新手"提出这样的忠告:注意当地人站在哪里,你不要后退。也许你觉得这样做好笑,但令人吃惊的是,情况为之遽变,人们对你的态度将大为改观。

10.1　不同的文化如何利用空间

几年前,一本杂志刊发了一张普通纽约人眼中的美国地图。纽约市的情况详尽清晰,北郊的情况也相当准确。好莱坞的地形也比较详细。然而,纽约市与好莱坞之间辽阔的大部分国土却几乎是一片空白。像凤凰城、阿尔伯克基、大峡谷、陶斯、新墨西哥等地却混沌一团,令人绝望。显然,一般纽约人对国内其他地区的事情知之甚少,亦不大关心。在地理学家的眼里,这张地图是最糟糕的扭曲。然而,对文化学者而言,它之精准却令人吃惊。它显示的隐形的形象,是许多美国人心目中其他地区的形象。

我上研究生院时住在纽约,房东是第一代欧洲移民,一辈子住在纽约。放暑假回家时,房东下楼来看我把行李搬上车。我向他道别时,他说:"最近找个星期天下午,我们全家开车到新墨西哥去看你。"

那张地图和那位房东的话表明,美国人对待空间的态度有着多么浓厚的个人色彩。我们用个人经验去构想所知地点的空间关系。我们从未去过的地方、与自己关系不密切的地方,往往是模糊不清的。

美国人传统的空间观念始于"一个地点"(place)。这是最古老的集合之一,与西班牙语的 lugar 相似,但不完全相同。读者不难想起 place 一词的种种用法:"他在她心目中有一席之地","他在山间有一个住所","我厌倦这个地方",如此等等。有孩子的人都知道,向孩子讲解地点的概念是多么困难,他们很难懂得华盛顿、波士顿、费城等地名是什么意思。美国儿童要到六七岁才能掌握地点的基本概念。我们的文化有各种各样的地点概念,包括不同种类和级别的地方。

与中东相比,我们的空间系统的特征是等级细腻。阿拉伯世界的空间观念分村庄和城市,就这两个等级。大多数非游牧部落的阿拉伯人视自己为村民。实际的村庄人口不等,有的几户,有的上千户。

在美国,最小的地点不叫村、庄、镇。然而,这些地点一望而知,地域上是一个实体,因为它们总是有名字的。但它们并不拥有可以辨认的中心,人们分散居住,就像漫画中的小山村道格帕奇(Dogpatch)一样。

我们的道格帕奇漫画以一种简单的方式展示了基本的美国模式。这些小村落的住宅布局分散,没有集中的建筑群。和时间系统一样,我们的空间系统也呈"散点模式",所以你永远不可能知道中心在何处。此外,地域范畴的命名始于"十字路口小店""街口拐角",然后有"小购物中心""县城""小镇""大镇""市中心""都会"和"大都会"。和其他的文化部类,比如社会等级系统一样,地域范畴的过渡没有明显的等级差别。这些"地点"的大小千差万别,言谈时没有语言符号指明其规模。美国、新墨西哥州、阿尔伯克基、佩科斯(Pecos)等是规模悬殊的地名,但这些地名却以相同的方式出现在我们的谈话和造句中。儿童听人家说地名时,无法区分空间范畴的大小。

但奇迹在于,仅靠稀少的暗示,儿童最终还是能够分清和确定不同的空间术语。试想,你住郊区,妻子进城购物,如果你向5岁的孩子讲解郊区和城区的区别,那将是多么徒劳无益,因为5岁的孩子只知道他自己住哪里。他首先学会的地点是他的房间、房子和他吃饭时的座位。

大多数美国儿童在校学地理、几何都有困难,原因在于,非正式文化系统的空间是一回事,地理课和数学课传授的技术性文化系统的空间是另一回事。公允地说,其他文化也有类似的问题。只有十分机敏的成人才会意识到,儿童学习空间观念有困难。实际上,儿童不得不接受混沌一团的空间概念,靠自己摸索,分辨大人所说的地点。有时,孩子听不懂,大人就不耐烦,那实在是大可不必。大人没有意识到,孩

165 子听长辈说不同的地点时,自己正在琢磨这些地方的差别。这里应该指出,大人谈及不同的事情时,儿童得到的暗示在于音调的转变,抑扬顿挫使儿童的注意力指向微妙而重要的区分。成人说的是完善的语言,很难回想起自己不会说话的时候;完全靠听大人说话的抑扬顿挫来猜想整个交流过程的婴幼儿时代,我们已经忘得一干二净了。这种早期的语言能力业已掉进无意识,其作用超乎我们的意识,所以我们很容易忘记它在这种学习过程中的巨大作用。

我们继续分析儿童掌握空间知识的方式,转向他们关于道路的概念。最初,道路是坐车的地方。这并不是说,你转错弯了他们也不知道,他们知道你错了,甚至能纠正你的错误;仅仅是说,他们还不能将整条路分解成几段,他们区分不同道路的方式和他们学说话时区分音位 d 和音位 b 是一样的。

如果用道路做跨文化比较,读者可能会想起巴黎的街道;这个古老的法国都会给街道命名的方式使大多数美国人困惑不解。你在大街步行时,发现同一条街会有不同的名字。例如,圣奥诺雷街过了一段就成了福布格·圣奥诺雷街,接着又变成泰尔内大街,然后又成为鲁勒大街。不过,在巴黎长大的儿童学习自己的道路系统并不困难,就像美国儿童掌握自己的道路系统不困难一样。我们教孩子们注意十字路口和左右转方向,要他们注意,方向一变,道路随即改变。巴黎的孩子们学习认路以路标为准,著名的建筑物或雕像就是路标,路标一变,街名随即改变。

166 观察幼儿学习其文化的情形,十分有趣,且给人启示。他们很快就发现,有些事物有名字,另一些却没有名字。起初,他们学会识别整体对象或集合,例如一个房间。后来,他们的注意力转向其他一些离散的对象,如书本、烟缸、桌子和铅笔。如此,他们学会了两件事。首先,他们学会了辨认事物在系统里所处的层次;其次,他们学会了给空间和物体命名所需的元素和模式。相比而言,二胎孩子比头胎孩子是更好的研究对象,因为头胎孩子的学习过程比较艰难;然而一旦学会以后,他们就会教弟弟妹妹,不必让父母费神。

　　孩子指着铅笔问:"这是什么?"你回答:"一支铅笔。"她不满足,就说:"不,这个。"她边说边指,表明指的是笔杆。于是你说:"哦,那是笔杆。"接着,她的手指头移动一下,又问:"这是什么?"你又说:"这是笔杆。"如此一问一答重复几次,你说:"这还是笔杆,这是笔杆,这也是笔杆,全都是笔杆。但这是笔尖,这是橡皮,这是包橡皮的小铁圈。"接着,她还想找出笔杆和橡皮的分界线,弄清橡皮又如何划分。她一点一滴地发问,逐渐弄清楚:笔芯和笔杆有区别,但笔杆的一段和另一段没有区别,笔尖的部位也没有什么标签。她意识到,物质材料有时要区分,有时则不用区分;事物的起点和终点有重要意义,中间的各点常常被忽视了。

　　要不是在特鲁克岛上生活的体验,我就不可能注意到这一切的重要意义了。我在此做了一系列详细的技术研究,逐渐掌握了独木舟和木碗的命名法。那时,我必须经历儿童学习的过程。换言之,在我认为把握了模式以后,就指着各个部分问名称,问别人我说的话是否正确。我很快便发现,他们划分微型空间的方式与我们断然不同。特鲁克人认为,开放的空间各有不同。至于我们划分空间的分界线,他们是不去想的。空间又细分为不同的区域,名称各不相同。另一方面,西方人很讲究物体边缘的名称,但他们却不这样。一讲到边缘,读者只需想一想杯口那五花八门的命名,就明白我们是多么讲究。除了杯口有名字外,杯口的形状也有许多名字:方形、圆形、椭圆形;直线形、外翻形、内卷形;素色型、装饰型;波浪形、挺直形。这并不意味着,特鲁克人不装饰杯口,他们也这样做。我只是说,我们有很多不同的方式去说这些装饰,却没有他们那么多方式去说开放的空间。他们区分空间的不同部位,我们却认为,这些部位都是"封闭在"物体里的。

　　特鲁克人认为,独木舟形饭碗两端的装饰或雕刻与碗口的边缘是分离的,这些装饰和雕刻自有特色,亦有其真实的存在。沿龙骨所刻的花纹有专门的称谓,各有其特征,也赋予独木舟特殊的含义。但独木舟是一物,所刻的花纹是另一物。木碗的周边无显著标记,其中的开放空间却又分割为小块的空间,且各有其名。由于这种独特的空间划分方式,岛民解决土地归属的纠纷就极其复杂,让人难以置信。例如,树木与土壤是分离的。树木是一个人的,树下的土壤却属于另一个人。

本杰明·沃尔夫描述霍皮人的空间概念在语言里的反映,他指出,霍皮语没有表示内在三维空间的词语,如房间、寝室、厅室、走道、内部空间、小室、密室、地窖、顶楼、阁楼和地下室。虽然没有这些专用的语词,但他们的住房有若干房间却是事实,而且这些屋子各有其特殊的功能,他们也有储藏室、磨坊等。

沃尔夫还注意到,在霍皮语的"房间"一词前不能用物主代词。在他们构想的关于万事万物的图示中,"房间"这个词严格地说并不是名词,不起名词的作用。

种种迹象表明,霍皮人对护卫自己的财产有强烈的感情。既然如此,沃尔夫指出他们不会说"我的屋子"时,我们就必须排除他们没有财产权的观念。霍皮人的语言里没有表示空间的语词,但我们不能因此就假定,他们没有领地欲。必须指出,这样的设想大谬不然,空间语词的缺失只是说明,他们使用和感知空间的方式与我们不同。我们的空间观念从点开始,沿线条展开。他们的空间观念显然大不相同。这些差异貌似微不足道,但却令人头疼。在20世纪上半叶,管理霍皮人居留地的白人官员因此而感到烦恼。

我在这里的一次经历没齿难忘。我驾车去台地尽头的一个村庄,发现有人在路中央盖房子。后来发现,肇事者是熟人。我去问他:"保罗,你为什么在路中间盖房子?路两边地多的是,盖房很容易。你挡路以后,人们在路两边开车去你们的村子时,不是会把底盘扎坏吗?"

他的回答简短而坚定:"我知道,但在这里盖房是我的权利。"早在修路之前,他就拥有这块土地。虽然路修好通车好多年了,但那不能改变他的财产权。我们使用和不使用空间的语词和他的所有权观念没有关系。

10.2 文化接触里的空间因素

每当出国时,美国人都会遭遇所谓的"文化冲击"(culture shock)。简言之,文化冲击之所以发生,那是因为我们在国内熟悉的许多情况不复存在,或受到扭曲,被陌生的情况取代了。组织和利用空间的陌生模式就是具体的"信号",陌生的信号成为文化冲击的诱因。

拉美人的住宅常围绕内院修建,紧靠人行道,围以高墙,所以外人难窥墙内的"奥秘"。至于这种细微的建筑差异会对外人造成什么影响,却不容易估计和描绘。美国"第四点计划"的技术人员在拉美生活时曾经抱怨说,觉得自己被"排斥"、被"隔离",因而不了解情况。还有人难免在心里嘀咕,"围墙背后"的人究竟在干什么。另一方面,美国人的邻里关系是许多人际关系的基础。我们觉得邻居很亲近。毗邻而居自然会形成一定的权利和义务关系。你可以借东西,包括食物和饮料,但在紧急情况下,你也必须送邻居去医院。在这方面,你和邻居的关系犹如表亲的关系。由于诸如此类的原因,美国人择邻而居,小心谨慎,因为他们知道难免和邻居产生密切的接触。我们不理解,我们在国外与人为邻时,为何不能形成符合我们观念的模式。例如,和我们的模式相比,法国和英国的邻里关系往往就要冷漠些,毗邻而居未必能结成密切的关系。在英国,邻里的儿童不像我们的儿童那样一起玩耍。如果要一起玩,往往要提前一个月做准备,仿佛他们是来自天南地北的陌生人。

另一个例子涉及办公室的空间安排。在此,我们与法国人大异其趣。我们的总体模式往往是将其中一部分空间平均划分。新同事到来时，几乎人人的办公桌都会挪一挪，让他分享空间。这就是说，长期占用的位置可能会动，我们可能会失去原来喜欢的窗外美景。重要的是，同事们愿意做一些调整。其实这就是一个信号，他们挪动办公桌时就已经承认了新到的同事。空间调整以后，老板就可以确定，新员工融入这个群体了。

如果屋子比较大，美国人靠墙安排座位，把中间腾出来开会，进行集体活动。也就是说，中心是留作集体用的，常常放一张会议桌或其他家具作为标志，既供使用，又留出空间。如果中间没有会议桌，人们就会挪动椅子，围绕中央形成"一圈"。这是一种离开自己的位置相聚的模式，其象征意义反映在我们的语言里，比如"在那个问题上，我不得不采取新的立场"或者，"在这个问题上，本部的立场是……"

法国人和我们形成鲜明的对照。他们不会像我们那样，接受那种无须挑明、理所当然的挪动位置、腾出空间的方式。他们不会为了一位新同事而重新分割空间。相反，他们可能勉强给新同事一张小书桌，一个面向墙壁的黑暗角落。这种行为传递的信息非常明显，为法国人工作的美国人深知其中的奥妙。我们感到，不"让位"凸显地位的差别。重新安排空间发出的信息是："我们现在吸收你，请你留下来和我们一道工作。"如果挪动位置、调整空间的事情没有发生，美国人就会感到极不安全。在法国人的办公室里，关键人物坐镇屋子中央，掌控一切，使一切顺利进行。这是一种集中化的控制。法国的教育制度实行集中控制，所以法国各地的学生在同一时间学同样的课程。

如上所述，顺序是美国模式里的重要因素。通常，等待服务时，我们觉得应该按先来后到的顺序排队。这反映了美国文化中基本的平等精神。在有阶级分割或其残余的文化里，这种依次排序的因素也许并不存在。换句话说，社会出于某些目的而将人划分为三六九等，凡是涉及社会等级的地方，人们对待空间的态度必然会对此有所反映。

对我们而言，无论职位高低都享受服务是民主的美德。富人和穷人购物时都应该享受平等的权利,都应该按照先来后到的顺序享受服务。在剧院排队买戏票时,贵妇人不能比任何人优先。英国人和我们一样排队,但许多欧洲人却认为,那是对个性的侵犯。我记得一个波兰人就有这样的反应。他说美国人是一群绵羊,一想到这种消极被动的样子,他就可能要硬挤进排队的人群,不愿遵守秩序。这类人无法忍受千百人一样受制约的观点,认为那是把人当作机器人。目睹波兰人插队的美国人认为,波兰人太"霸道"。但波兰人并不打算掩盖自己的观点,反而认为我们太压抑。他说:"乱一点又何妨?有人先享受服务,那又何妨?"

10.3　显形的空间模式

　　由于文化不同,显形空间模式的重要性和复杂性也随之不同。例如在美国,除了技术性或功利性的意义之外,没有哪一个方向优于其他的方向;然而人们很快会发现,在其他文化中是另一番景象。在这些文化里,有些方向是神圣的,或受人喜爱的。纳瓦霍人的门必须朝东,穆斯林的清真寺必须朝向麦加,印度的圣河流向南方。我们美国人注重技术性意义的方向,但在显形的和隐形的层次上,我们没有偏好。在很大程度上,我们的空间是由技术人员确定的,所以房屋、集镇、主要干线的朝向靠指南针确定。只要地形允许,道路和公路干线也靠指南针来确定走向。在平坦的印第安纳州和堪萨斯州,路网就是这样规划的。这种技术性的模式允许我们通过坐标来判定地点的位置。"他住在1321 K Street, N. W. 。"这句话明白地告诉我们,他住在X轴以西靠北的第13个街区,Y轴以北的第11个街区,街左边,往北约四分之一的地方。

　　至于乡间的方位,我们会说:"出城,沿第66号公路往西行10英里,在第一个路口向北拐,右转弯前行7英里,左边的第二个农场便

173 是,你不会找不到的。"

我们的空间观念促使我们利用事物的边缘。如果没有什么边缘,我们就会人为画线来制造边缘(往西 5 英里并往北 2 英里)。我们的空间用坐标来表示。相反,日本人和其他许多民族则以区域来划分空间。他们命名"空间",区分空间或同一空间的不同部分。我们认为空间是空荡荡的,我们用线条分割空间,借以进入这个空间。

在隐形空间观念基础上产生了一个技术性空间模式,即地位价值或身价等级的模式。几乎在生活的一切方面,我们都已经将这种价值观神圣化了,连 4 岁小儿也完全领会其含义,他们甚至会为了谁是第一而大打出手。

除地位价值外,美国空间模式强调各部分的平等和标准化,以便测量空间或等分空间,无论是一根标尺的划分还是郊区的再划分,都不例外。我们喜欢空间的成分既标准又相等。美国城市的街区几乎大小相当,但其他许多国家的城市街区则参差不齐。如此看来,由组件标准化而导致的批量生产发端于美国,绝非偶然。有人争辩说,成批生产和组件标准化各有其技术动因。然而,实际的考察证明,虽然欧洲人也造汽车,而且质量很好,但其气缸规格却不相同。当然,其规格差异微不足道,只有几千分之一。然而,如果美国技师修理欧洲汽车,由于他不熟悉欧洲缺乏统一元素的那种模式,这微不足道的差异也会使汽车轰轰作响,大量耗油。

174 日本人也同样热衷于标准的一致,只不过与我们略有不同。在同一地区,地板上的榻榻米、门窗和墙壁镶板的尺寸都一样。报纸上销售或出租房屋的广告一般都用榻榻米的数量来表示面积的大小。除了上述例子里的一致性,日本人在标准化上也与我们有所不同,以致产生相当不同的经济后果。有一次,他们严格按照合同的规格制造了一大批电子元件,完全符合标准。然而,运抵美国以后,采购方却发现,不同批次的元件略有差别。顾客后来才发现,日本人生产过程的内部控制很严格,但他们忽略了统一他们的量具!美国设有一个专门的标准局,这绝非偶然。在很大程度上,美国技术和生产力的成功仰赖上述标准化模式以及类似的不成文模式,我们正在将这些标准化模式推广到其他国家。

10.4 空间如何传递信息

空间传递信息,空间变化赋予交流特定的调子,或加重说话的语气,有时甚至凌驾于口语之上。两个人交谈时,身体的移动和距离的改变成为交流过程中必不可少的要素。陌生人交谈时的距离说明,两人的空间互动是多么重要。如果对方靠得太近,我们立即作出自动反应,往后退。如果对方再向前,我们就再往后退。我曾经看见一个美国人和一个外国人交谈的情景,他从走道一端后退到另一端,因为他认为那个外国人太咄咄逼人。这一幕上演过无数次:交谈的一方拉开距离,以便使自己感到舒服;出于同样的理由,另一方缩短两人的距离;但两人都没有意识到他们在移动。以下的例子表明,文化能对我们的行为产生极大的制约作用。

在我们的文化里,人们对空间的使用大有区别,或身体距离太远显得冷淡,或靠得太近而显得咄咄逼人。这妨碍我们对文化差异的理解。因此,我们观察外国人时,总是将其行为与我们熟悉的行为联系在一起,我们的注意力集中在他们的行为上。错误在于,我们往往匆忙得出结论:外国人与美国人对空间的感受相同,连其显性的行为也和我们相同。

之所以提出这一错误,乃是因为我有一次顿悟。一位博学的贵宾来访,他是资深的外国高级外交官。几次会晤以后,他对交往中行为细节的敏感给我留下了很深的印象。这位 X 博士对我们几人当时的研究颇感兴趣,他要求听我的一次讲演。下课时,他走上前来与我交谈,就授课内容发表意见。在谈话过程中,他对授课内容和自己的看法津津乐道。我们面对面站着谈,我隐约感到他站得太近,准备后退。幸好,我压制了最初的冲动,原地不动,因为除了距离稍近以外,我没有感到任何攻击性的信号。他语气热切,神态专注,体姿传递出他的兴趣和热心。我也突然意识到,一位卓有建树的资深外交家,不可能传递冒犯人的信息;即使有冒犯之处,那也必定是他浑然不觉的。

我尝试观察身体距离对我们谈话的影响,果然发现,我稍稍后退,互动的模式就有所改变,他说话就不那么自在。如果我退到比较舒服的距离(约21英寸①),他看上去就显得困惑、不快,仿佛在说:"他为什么这样?我竭力表示友好,他却突然后退。难道我举止失当?说话不得体?"我由此断定,身体距离对他的谈话产生了直接的影响,于是决定原地不动,让他来决定我们之间的距离。

距离的长短影响口头传递的讯息,反过来,谈话的内容常常也对空间的使用提出特别的要求。除非处在恰当的距离之内,否则有些话题谈起来就相当困难。

不久前,我收到了一包礼品,内有花种、化肥和使用说明书,信息表明,种子会在化肥的水溶液中生长。但我对水栽法不甚了解,只知道植物应悬置在这种水溶液里,于是就出外去买合适的花盆。去了几家花店,店主都投以不解的目光,我不得不以那点有限的知识详细解释我的要求,尽力说明水栽法的原理。

由于对水栽法和花店都不熟悉,所以我感到局促不安,说话不那么自如,全然不像在熟悉的环境中谈熟悉的事情时那样流畅。在一家花店里,每隔20英寸有一个花架,我突然明白了人体距离对交谈产生的影响。花架的背后坐着女主人。我走进去时,她引颈看我,仿佛要越过那些花架;她稍稍提高嗓门问:"先生,要买点什么?"我说:"我想

---

① 1英寸=2.54厘米。

买一只水栽法的花盆。"她还是引颈问道:"什么花盆?"这时,我发现自己趴在花架上,以缩短我们之间的距离。在这种环境里;在相距13英尺的地方,说一件我不熟悉的事情,我实在无能为力。我绕过花架,走到离她3英尺的地方,说起话来就比较自在了。

再举一例。成千上万在第二次世界大战中服过兵役的平民,无不熟悉军中的一条规定。原来用隐形手段处理的事务,军队必须要尽快用技术性手段来处理。可是,在下级向长官报告时所保持的距离上,军中的条例却出了错。众所周知,长官和士兵需要保持距离,不掺杂个人因素。这个要求同样适用于不同级别的军官之间。条例规定,下级向上级报告时,要走到离长官办公桌三步远的地方,立正,敬礼,自报军衔、姓名和军种:"长官,中尉X奉命前来报告。"现在来看,这条军规违反了哪些文化规范?传达了什么信息?它与利用空间的惯例不符。因为这个距离太远了,至少多出了2英尺,而且不符合下级向上级报告的语境。公务谈话的正常距离,由于不涉及私情,一般是5.5到8英尺。这条军规规定的距离接近于我们所谓的"远距离",自然会让人大声"喊叫",自然就有损下级对上级的尊敬。当然,隔这么远的距离,有许多事情是很难谈的。有些军官意识到这一点后,就叫士兵和下级放松,让其坐下来或走近些再报告。然而,条例给人的第一印象是,军队做事不近情理。

在美国人看来,声音的大小和说话的距离相关,可表示如下:

1. 非常亲近(3—6英寸)　　　低声耳语;绝密
2. 亲近(8—12英寸)　　　　　耳语;机密
3. 靠近(12—20英寸)　　　　室内,细语;室外,正常声音;秘密
4. 适中(20—36英寸)　　　　细语,低声;私人事务
5. 适中(4.5—5英尺)　　　　正常声音;非私人事务
6. 公共距离(5.5—8英尺)　　正常声音,稍微洪亮;公共信息,他人能听见
7. 会场距离(8—20英尺)　　大声,对人群讲话
8. 呼喊距离　　　　　　　　　室内20—24英尺;室外达100英尺;呼喊或告别的距离

在拉丁美洲，交谈的距离比在美国短得多。实际上，拉美人交谈时感到舒适的距离，换到北美的环境中，已接近于唤起性欲或憎恶的距离了。结果，他们靠近一点，我们便后退一点。于是，他们认为我们疏远、冷漠、退缩、不友善。相反，我们常责备他们呼出的气味直往我们的鼻子里钻，我们感到难以透气，他们的唾沫星子都喷到我们脸上了。

即使在拉美地区待过一段时间，有些美国人还是不能适应拉美人交谈时的空间距离，他们只好诉诸"障碍"，躲在办公桌后，用椅子和桌子来隔开对方，以维持自己感到舒适的距离。但拉美人可能会翻越这些"障碍"，以求达到他们感到舒适的谈话距离。

第十一章
挣脱枷锁

对文化性质深刻而科学的理解可以回溯到一百年前。今天,世人接受了许多更为抽象而复杂的观念,却仍然抗拒或忽视文化的概念。这是为什么?奇怪的是,造成这种抗拒情绪的,并不是文化之间的差异,人们通常是接受文化差异的;而是别有原因。积多年传授文化基本发现之经验,我发现,人们对文化观念的抵制与其对心理分析的抵制有许多共同之处。心理分析初期遇到的抵制是非常强烈的。像心理分析的观念一样,文化观念是抽象的,但事实证明,文化观念与个人最深刻的关怀关系密切。它们触及个人私密的事情;但当人们开始理解文化观念的含义时,却常常又弃之不顾。如果完全接受文化的现实,我们就会获得革命性的累累硕果。

为了处理文化的复杂数据,我将视文化为交流(culture as communication)。这一路径对未来的文化研究将产生广泛的影响,但它不是求得完美理解的终南捷径。宇宙不会轻易袒露其秘密,文化也不例外。然而,我们坚信,将文化作为交流的研究路径有多种实用的意义。大多数人在互相接触时遇到的困难都可以归咎于对交流的误解。人们常常倚重善良的愿望来解决问题,然而,由于交流带来的误解,善意常常化为乌有。

种种无形的力量构成并控制我们的生活,形成钳制我们的模式化行为,我们对其却浑然不觉;如果拓展这些无形力量的概念,我们就可以摆脱模式化行为的钳制。莱昂内尔·特里林(Lionel Trilling)①曾把文化比作监狱。其实文化就是监狱,除非我们知道打开这一囚笼的钥匙。诚然,文化用许多不为人知的方式束缚人,但文化的限制是一套陈规旧习,仅此而已。人开发文化的目的不是将其作为窒息自己的手段,而是将其作为行动、生活、呼吸并发展个性的媒介。为了利用文化,我们就需要更好地了解文化。

显形的文化对我们的生活起到稳定的作用,我们不能把这样的意识误解为保守主义。事实上,对隐形文化性质和功能的了解,终将防止我们盲目接受心理学家和教育者的主张。他们热衷于纠正文化系统过去的瑕疵,不给儿童设定约束的范围,过分放纵,惯坏儿童。由于过分放纵,其后果只能是让警察或法官这样的人来规定限度,不许人们越界。我们必须认识到,儿童必须了解这些约束,就像他们总是倚重某些东西一样。

对文化的真正了解,应该重新激发我们对生活的兴趣,可惜,我们常常缺乏这样的热情。这样的认识将有助于我们认识自己身处何方,我们是何许人。它将防止我们受人摆布,使我们警惕那些贪婪、掠夺成性和机会主义的家伙。共同的显形规范使社会整合成一体;公众通常不了解这些规范,没有防范意识,这些家伙就利用公众的无知。他们与社会格格不入,缺乏显形文化提供的安全感,他们想要破坏,进行

---

① 莱昂内尔·特里林(1905—1975),美国文学评论家,著有《弗洛伊德和我们的文化危机》《文化之外:论文献和学识》《真诚与真实性》等。

发泄,建立以自己为中心的强权。已故的参议员麦卡锡(Joseph Raymond McCarthy)①就是这种典型的机会主义者。倘若美国公众更清楚地意识到,显形规范不是个人特有的,而是大家共享的,那么,将来任何麦卡锡主义的幽灵再现时,他们就能够更好地保护自己了。

也许,最难以论断和说清的文化特性就是,文化不仅强制人,而且如果稍加引申就可以说,文化就是人。文化是联系人与人的纽带,是人与人互动的媒介。人类生活之所以意义隽永、丰富多彩,乃是因为复杂的文化系统中存在亿万种可能的组合。

正如我在导论中所言,把文化比作音乐有助于对文化的理解。乐谱类似于人类学家对文化所做的技术性层次的描绘。文化和乐谱的标记(词汇)使人能够谈论自己的所作所为。以音乐为例,我们可以用简谱来速记音乐,这不会贬损艺术家的成就。乐谱使我们能共享和保存音乐家的天才,否则唯有在场欣赏艺术家表演的听众才能获得美的享受。如果巴赫、贝多芬和勃拉姆斯没有记录音符的手段,他们可能早已被人忘得一干二净了。

和富有创造性的作曲家一样,有些人在生活中的才能超过常人。他们对周围的人产生影响,但其影响在此驻足,因为我们没有技术性的语汇来描述他们何以产生影响,而且其所作所为多半是不知不觉的。将来有一天,或许在十分遥远的未来,更加透彻的文化探索可能会产生类似乐谱的文化图示,每一种类型的人都有适合自己学习的文化图示;不同工作和不同关系的男男女女都有学习的文化图示,包括关于学习时间、空间、工作和消遣的文化图示。我们看见成功和幸福的人,他们的工作既给人报偿,又富有成效。然而,究竟什么样的集合、元素和模式使他们的生活如此美好,使之有别于不如他们幸运的

---

① 约瑟夫·麦卡锡(1908—1957),美国极右政治家,曾任参议院非美活动委员会主席,煽动反共十字军运动,指控数百位国务院官员,其名字成了迫害狂、政治投机和公开诽谤的代名词。1954 年被解除职务,从此销声匿迹。

人呢?我们需要一种手段,借以减少生活的偶然性,使生活更令人愉快。实际上,和中东的阿拉伯人、土耳其人相比,我们美国人在这条道路上已经取得长足的进步。麻省理工学院的社会学家丹尼尔·勒纳(Daniel Lerner)教授走访了一些土耳其的村民,他发现,获取幸福的观点对他们毫无意义。他们从未想过,幸福生活应该是他们期盼和追求的权利之一。当然,这并不是说,他们没有幸福的时光,而且事实恰恰相反。他们没有幸福的理念,那仅仅说明,他们不把这一理念当作自己文化的元素。

围绕我所谓的基本讯息系统,一切文化都形成了种种价值观。以两性关系为例,其价值的核心是受人喜爱的男女类型,供儿童效仿的理想的男女楷模。这些典范多半是显形的,少许是隐形的。然而,大多数文化只不过贴了一些标签,遴选了各种类型的男男女女的典范,供儿童仿效,却不再前进一步。但现代社会的事情日益复杂,因为年轻人的选择越来越多。如果把昔日西部平原上的科曼切人(Comanche)与现代美国人比较,就可以看到,生活是越来越复杂了。科曼切男孩知道,他只有两种选择:若不是成为勇武的战士,就是成为男扮女装的人,就只能穿女人的服装、做女人的工作。人人都清楚,武士意味着什么,应具备什么品质。如果由于这样那样的原因,男孩缺乏勇武的气质,当不成勇士,他的选择就只能是着女人装,做女人琢磨珠子的工作。科曼切成人的生活只有两个模式,不是战士,就是妇女。相反,美国成年男女的生活模式则数不胜数,连令人满意的清单也无法逐一列举。当然,有一些类型也广为人知,因为当代小说家对这个题材的兴趣经久不衰。我们必须更好地了解日常面对的各种选择,而且要认识生活的总体模式。

无论对一般人还是科学家,我都想说,我痛切地感到,我们必须认识和理解文化机制。我们需要更好地了解我们作为文化参与者的各个方面,而不是需要更多的导弹和氢弹。

附录一
社会科学家的文化研究纲要

对社会科学家而言,本书的基本贡献体现为以下八个相互关联的理念:

1. 文化即交流,交流即文化。

2. 文化不是单一的事物,而是多种事物。适用于一切文化的任何单一的基本单位或基本粒子是不存在的。文化至少有十大基础,这些基础都深深植根于生物学的过去,都符合文化的语言学模式要求的严格标准。

3. 对制度及其结构的研究、个人及其心理构成的研究,不在本书的研究范围之内。但在较高的组织层次上,对制度和个人的研究进入了文化研究的范畴。

4. 人在显形、隐形和技术性这三个文化层次上运行。在任何情况下,这三种层次都同时存在,但在任何特定的时刻,总是其中一个层次占主导地位。层次之间可迅速转换,对这些转换的研究就是对变迁过程的研究。

5. 文化与讯息关系之密切胜过它与网络和控制系统

的关系。讯息有三种成分:集合、元素和模式。集合容易被人感知,因而构成任何文化研究的切入点。集合由元素构成,集合的数量众多,元素的组合有多少模式就有多少集合。元素是从集合里抽象出来的,至于抽象的办法,那是在意义差别的层次上对集合进行比较。在受控条件下,参与试验的受试者按照要求对事件 A 与事件 B、C、D、X、Y 等进行比较,直到他把所有的差异分离出来。元素的数量是有限的。在有意义的语境中把握了集合和元素以后,模式自然就浮现出来、被人理解了。模式的数量也是有限的。

6. 文化中有一条测不准原理(principle of indeterminacy)。在详细研究的过程中,元素会转换为集合,因而就成为抽象的概念了。在一个层次上的观察越精确,在另一个层次上的精确度就随之降低。在任何一个时间点上,都只能做一个层次的准确研究。同理,在任何一个时间点上,都只能对一个层次进行描绘。

7. 文化中还有一条相对性原理(principle of relativity),就像物理学和数学中有相对性原理一样。人们将经验投射到外部世界,而经验又是以文化确定的形式获得。人通过生活改变经验。没有任何经验独立于文化,反过来,经验又是衡量文化的依据。

8. 文化的测不准原理和相对性原理是不容易把握的概念。其意思是,用一套标准衡量是好的事物换用另一套标准来衡量可能就是坏的,而且还不止于此。这两个概念还意味着,在一切考察里,我们都必须确立一个公式,让科学家能够比较文化 A^1 和文化 B^2,将前者中的事件 A^2 和后者中的事件 B^2 看成是对等的东西。一旦感知到集合以后,适当的文化分析就必须从元素层次的微观分析入手。

附录二
文化教学示意图

  我们把文化当作交流来进行研究。这条路径的副产品之一是一张示意图。在研制这张示意图的过程中,我们获益匪浅;迄今为止,它仍然是同类成果中之唯一。我在此将其奉献给有志于文化研究的同人。
  我和同事特雷格的研究基于这样一个设想:文化有生物学基础,其源泉是种种基础文化活动。我们蛮有把握地说,我们掌握了文化的基本成分,因为我们提出的所有讯息系统都符合必要的标准。但这张示意图的总体效果如何呢?有了这些讯息系统以后,你能在此基础上推演出一种文化来吗?记住,我们为文化系统规定的标准之一是,每个系统必须要反映其他一切文化系统,同时又反映在其他一切文化系统中。结果就形成这一张图;一图之内,我们得以尽览基本讯息系统的互动和各种组合。我们先确定一张平面的方格图,纵向是基本讯息系统的10个方面:互动、组合、生存、两性、领地、时间、学习、游戏、防卫、开发,横向是与其对应的形容词形式。

如此,我们就可以看到,基本讯息系统的组合就构成各种类型的活动。这张文化教学示意图类似于化学元素周期表。我们撷取生存(subsistence)和互动(interaction)这两个基本讯息系统,问自己下述问题:"互动的经济延伸(economic extentions of interaction)是什么?反过来,生存的互动延伸(interactional extentions of subsistence)又是什么?"我们得到的答案是"交换"(exchange)和"生态社区"(ecological community)。又比如,我们问组合的经济模式(economic patterns of association)和生存的组织模式(organizational patterns of subsistence)是什么?得到的答案是"经济角色"(economic roles)和"职业组合"(occupational groupings)。又比如,我们问生存的教育成果(instructional results of subsistence)和学习的经济效益(economic results of learning)是什么?所得答案是"在工作中学习"(learning from working)和"教与学的报偿"(rewards for teaching and learning)。有时,我们在一个范畴的名目下颇为踌躇,难以确定其中的内容。领地欲的保护模式(protective patterns of territoriality)即为一例。后来,我们才突然意识到,当然那就是个人层次上的隐私(privacy)。另一方面,防卫的领地模式(territorial patterns of defense)和领地的组织有关,它是防卫体系(山川、峡谷、森林之类的天堑)的一部分。

我们发现,在这幅网格状的示意图中,模式分析本身会强加自己的规则。我们在任何一个格子中作出的决定必须和整个示意图的其他部分一致。例如,我们曾考虑,互动的娱乐延伸(recreational extentions of interaction)是愉悦(pleasure),但示意图的总体模式及自我检测特征表明,"参加艺术与体育活动"(participation in the arts and sports)是更佳的选择。

仔细审视这张示意图时,我们注意到其自我检测的特征。读者不妨一试。从图的左上角到右下角,有一条对角线,由纵横两轴的交叉点形成。我们在填充示意图的格子时注意到,对角线以上的活动是个人活动,对角线以下的活动则是群体活动。如此,在对角线以上,组合的娱乐结果(recreational results of association)是"演员和运动员"(entertainers and athletes);在对角线以下,游戏的组织结果(organizational results of play)就是"游戏群体、团队和文艺团体"(play groups, teams, and troupes)。

该图及其使用的规则实际上是文化的数学(mathematics of culture),既对专家有用,也有值得一提的实用价值。当然,它也有局限性,仅仅是一张两维的平面图。一种三维的立体示意图自然是研究工作的下一个逻辑步骤,但那种示意图就不知道要复杂多少倍了。

读者可以看到,这张图不含内容,仅有类别。它目前的潜力仅仅是一个分类系统和一个检索清单,可供行为科学家使用。有这幅示意图在手以后,他们搞大项目时就可以保证不漏掉主要范畴了。该图还可用作人类活动的分类图。在团队活动中,它有助于给每个人分派工作,分配和追踪责任落实的情况。有经验的学者会发现,这张图给人启示;以图为鉴,他可以试验其效用。这些基本讯息系统的交叉绝不会只形成一根轴线。示意图的不同区域所涉及的是截然不同的事物:左上部的活动往往是显形的活动,中部的活动往往是隐形的活动,右下部的活动往往是技术性的活动。表面上看,各个范畴都自成一体,彼此分离;实际上,邻近范畴的活动彼此相连。如果再把每个范畴的活动细分为显形、隐形和技术性的活动,我们就能给这张示意图增添新的维度。

近年来反复出现的问题是,数据积累太快,难以分类和整理,大多数人都感到吃不消。这里的示意图有 100 个大格子,每一格表示一套复杂的活动,这些活动又可以无限细分。0 到 99 的每一个阿拉伯数字都表示一个主要的领域。比如,0 表示互动;2 表示生存;6 表示学习;8 表示防卫;如此等等。每个范畴都可以再分为 10 个次范畴,每个次范

无 声 的 语 言
The Silent Language

基本讯息系统	互动模式 0	组合关系 1	经济关系 2	性别角色及性别关系 3	空间（领地）观念 4
互动 0	信息交流,包括言语交际、嗓音调节和体态语 00	地位和角色 01	交换 02	男女互动模式 03	互动场所 04
组合 1	社区 10	——社会 ——阶级 ——种姓 ——政府 11	经济角色 12	性别角色 13	地方群体角色 14
生存 2	生态社区 20	职业组合 21	——工作 ——正规工作 ——维持工作的能力 ——职业 22	男女分工 23	个人在何地吃饭、做饭等 24
两性 3	血缘社区（宗族、同胞兄弟姐妹） 30	婚配组合 31	家庭 32	——性别关系 ——性行为(生物学特性) ——性行为(技术性特点) 33	按性别分配给个人的区域 34
领地 4	社区地域 40	群体地域 41	经济地域 42	男子活动空间,女子活动空间 43	明确的空间、模糊的空间、空间分界线 44
时间 5	社区活动周期 50	群体活动周期 51	经济活动周期 52	男子活动周期,女子活动周期 53	由空间决定的周期 54
学习 6	社区共有的知识——在社区内传授和学到的知识 60	学习群体——教育机构 61	教与学的报偿 62	男子接受的教育,女子接受的教育 63	学习场所 64
游戏 7	社区内游戏——游艺与运动 70	游戏群体、团队和文艺团体 71	职业运动,职业娱乐 72	男子的游戏,女子的游戏 73	娱乐场所 74
防卫 8	社区防卫——有组织的防卫体系 80	防卫群体——军队、警察、公共卫生机构、有组织的宗教团体 81	防卫的经济模式 82	男女分别保卫的东西（如家庭、名誉）83	受保卫的场所 84
开发 9	通信网络 90	组织网络（城镇建筑群等）91	食物、资源、产业设备 92	人们关注的东西和占有的东西 93	财产——圈占的、计数的和计量的财产 94

附录二
文化教学示意图

时间观念	教育形式	娱乐方式	防卫方式	开发方式
5	6	7	8	9
互动时间	传授与学习	参加艺术与体育活动(包括积极参与和消极参与)	保护他人并受人保护	使用文字、电话、其他符号系统等通信媒介
05	06	07	08	09
年龄分组角色	教师与学生	演员和运动员	保护人(包括医生、律师、教士、士兵、警察等)	使用集体财产
15	16	17	18	19
个人在何时吃饭、做饭等	在工作中学习	在工作中寻求乐趣	卫生保健、正常生活的保护	享用食品、利用资源和设备
25	26	27	28	29
按性别分配给个人的时间	传授与学习性别角色	参与性行为,从中求得娱乐	保护性行为,保证繁衍后代	使用区别性别的布置和装饰
35	36	37	38	39
空间的安排随时间而变化的模式	传授个体的空间分配,学习个体的空间分配	用空间来衡量乐趣(嬉戏、游戏等)	隐私	使用篱栅和标界
45	46	47	48	49
——时间 ——序列 ——周期 ——日历	个体的学习时间	个体的娱乐时间	——休息 ——假期 ——休假日	使用计时器等
55	56	57	58	59
学习的时间安排(群体学习)	——文化适应 ——养育后代 ——隐形学习 ——教育	使学习成为乐趣	学习自卫 学习自我保健	使用训练教具
65	66	67	68	69
娱乐时间	传授知识性的游戏	娱乐、嬉乐、游戏	体育锻炼	使用娱乐器材
75	76	77	78	79
防卫的时间模式	科学、宗教和军事方面的训练	团体体育活动和军事游戏	——保护 ——显形防卫 ——隐形防卫 ——技术性防卫	使用保护器材
85	86	87	88	89
计量和记录下来的时间	校舍、训练器材等	娱乐用品、体育用品及其制造业	堡垒、军火、医疗器械、安全用品等	物质系统、与环境的接触、运动习惯、技术
95	96	97	98	99

畴又可以再分为10个小范畴,如此等等。如图所示,80是社区防卫,82是社区防卫的经济模式,85是社区防卫的时间模式。和其他的文化研究相比,我们的示意图有一个优势:坚实的理论基础。整个理论基础使之始终如一、设计规整。其他的经验模式就缺乏这样的一致性和图示性。

在此务请读者注意,图中基本讯息系统的顺序极其重要。之所以选定这样的顺序,就讯息系统的活动而言,这一顺序最接近种系发生的顺序。换言之,在每个有机体的生命历程中,都按照这样的顺序学习和整合这些活动。有机体的进化过程也依照这一顺序。确定了这一顺序之后,我们又发现,每一个系统都在功能上与另一个系统配对,如时间与空间、工作与游戏就结成对子。基本讯息系统的顺序与这些对子的关系始终如一。另一个有趣的发现是,大多数社会给这些系统排列的等级与我们提供的顺序不尽相同。不同的排列等级是窥探不同文化的终南捷径,我们借此进行文化比较。例如,美国受访者回答问卷时就与该图的顺序略有区别,在物质、娱乐和性别这三个讯息系统的顺序上,他们就不同于我们的示意图。不出所料,美国人将物质讯息系统置于纵轴的顶端,而将娱乐和性别置于其底部。一位阿拉伯受访者排列的顺序则颇为不同。他将时间与空间分离开来,将时间置于纵轴的底部,物质的地位也很低,而防卫系统与交流系统则被置于纵轴的顶端。

绘制一张文化地图是一种独特的研究方法。过去的资料难以用示意图表现。在许多重要的方面,本书提出的文化理论与以前的思想全然不同。区别主要是:(1)借用语言模式;(2)将文化视为交流系统;(3)将基本讯息系统植根于生物学;(4)将系统整合为显形、隐形和技术性三种类型;(5)研究系统整合的派生成分:集合、元素和模式。

在绘制这一文化教学示意图的过程中,作者及其同事发现,这一研究方法回报丰厚,给人启迪,有助于进一步开拓。它满足明快、具体、易于教学的要求。我们还发现,在访谈过程中,有这张示意图在手,如果一次只考察一个基本讯息系统,我们就能够在扎根于已有知识的同时涉足新的未知领域。例如,我们通过一位阿拉伯受访者就发现了隐形的阿拉伯时间元素,这一发现使我们对阿拉伯人的价值观有了新的认识;如果不使用这一示意图,我们难以得到这样的启示。

我们希望,这段简短的说明词能一举两得:(1)对跨文化研究有兴趣的一般人能从中得到启示,认识到文化的性质;(2)激励文化学者深入研究。在界定文化元素、将其作为研究价值的手段方面,我们任重而道远。看来,文化教学示意图提供了几条线索,表明了达此目标的路径。

194

附录三
变革三例

这一附录针对专家,介绍三个有关变革的案例研究,显示从显形变革到隐形变革再到技术性变革的三个层次。11世纪初,词首辅音"v"从法语进入英语,这是从一种文化到另一种文化扩散的例子。第二例是螺纹的变革;在那个转折点上,不同的制造商准备放弃自己隐形的螺纹设计,乐意服从技术标准化的指令。第三例是美国西南部印第安人制陶术的变迁,这是最典型的技术性变革。之所以收录在此,那是因为同事们对技术的历史重构感兴趣,有志于用新方法验证历史的重构。这一案例是一个技术变革完整的迁移过程,在此,我们可以看到新技术逐步整合的过程,看到它如何摆脱传统的羁绊,稍后又如何作茧自缚,不过,新的束缚是一个新的参照框架。

附录三
变革三例

诺曼人征服英格兰①之前，英语里的"v"和"f"没有分家，是同一音位的变异（语言学家称之为音位变体）。"f"是词首辅音，"v"是词中部辅音。然而，诺曼人却加以区分，两个辅音截然不同，就像我们今天将其作为两个不同的音位一样。

讲法语的诺曼人带到英格兰的文化遗产有各种食品，其中之一是羊羔肉（veal）。于是，学法语的英格兰人不得不学会区分"v"和"f"。这次征服以后，不仅饮食考究的法国人区分这两个音，英格兰人也不得不起而效仿，引进一个新词 veal。无疑，下层阶级的英格兰人固守传统的说话方式，仿佛这两个音没有差异。然而，英语的隐形变化最终还是完成了技术性层次的变革；在印刷品中，以"v"起始的英语词和英语化的法语词开始露面。今天，首字母"v"进入了我们的显形文化系统，若有人认真考虑回归古代的"f"音，那就不可思议了。我们认为，首字母"v"既妥当又自然，这就是它进入我们的显形文化系统的标志。

螺纹的标准化

螺纹这种平凡的技术小事的历史竟然可以用来说明，一个时期的变革在另一个时期会遭遇到顽强的抵制，这是常人始料未及的现象。事实证明，变革的需要未必导致变革的发生。至于变革如何发生，那要看一个特定的文化项目的功能处于文化的哪一个层次——显形的、隐形的或者是技术性的层次。

螺纹的历史始于英国和美国的工业革命。在制造业的初期，每家工厂独自设计螺母和螺栓，没有统一的标准。显然，这种情况不能无限期维持下去。富兰克林学院的威廉·塞勒斯（William Sellers）是一

---

① 1066年，讲法语的诺曼人（居现今法国北部）在威廉公爵率领下征服英格兰，这是英格兰历史上最重要的转折点。

位发明家和产业家,他使螺纹标准化;美国汽车工程师协会介绍了他的方案。这是一场了不起的革命。塞勒斯忙于决定螺母和螺栓的命运时,英国人约瑟夫·怀特沃斯(Joseph Whitworth)也在忙于类似的工作。他们两人谋求标准化的解决办法非常相似,而且两人的终极产品几乎一模一样,仅略有差别。第一次世界大战前,这种差异没有任何使人不便之处;战争爆发,美国和英国彼此为对方生产军需品时,麻烦来了。比如,一方为另一方生产机枪时,不得不更换一切加工螺纹的机械设备,否则,需要安装螺丝钉的产品就不符合用户的需要。人人都意识到,两国采用统一的螺丝设计标准更有道理,但这一想法遭遇到顽强的抵抗。工程师和管理人员将其视为技术问题。实际上,塞勒斯和怀特沃斯分头解决了技术标准化的问题后,两个国家都认为,自己的螺纹设计是显形文化问题。换言之,卷入争论的所有人都用这种借口来抵制逻辑和技术论证,其实,他们的这种借口在技术上没有任何正当性。

两次世界大战期间,由于战场上找不到火炮的配件,难以计数的士兵阵亡,千百万美元的投入付诸东流,但这一切并没有带来变革。

在隐形文化的层次上,人们各自寻求解决办法。然而,到了第二次世界大战期间,威廉·巴特(William L. Batt)这位工程师兼管理人员才得到足够的支持,终于使英美两国在螺丝钉的设计和使用上达成了一致的意见。最后,在双方互让、英国人多让步的情况下,两国达成了妥协。螺纹的标准在技术层次上诞生,经过一个漫长的显形文化阶段,最后又回到技术问题的领域。

与此相似,美国人对采用公制(拿破仑的发明)的抗拒也是不符合逻辑的。我们没有理由坚持旧制。之所以坚持,只能这样来解释:度量衡对大多数人是显形系统。虽然公制在科学和工程领域逐渐取代了旧制,但美国人本能地抵制弃用磅、改用公斤的念头。

技术援助初期的一个案例

这一例取自西南考古材料,和制陶术从一群人向另一群人的迁移有关,时间大约是在一千五百年前。制陶术是适合考察变革的课题,因为陶片不容易毁坏。此外,泥土的特性使陶片的考古证据难以磨灭,体现制造方法的痕迹非常明显。再者,对任何文化而言,陶器都是漫长的记录,不会中断。

这个例证始于西南部一种主要的史前文化,其制陶的历史长达数百年。文献里称这群人为莫果隆人(Mogollon)①,族名与其遗存的地名相同。其北方邻居叫阿纳萨吉人(Anasazi)②,是当今普韦布洛人的祖先。在纳瓦霍语里,阿纳萨吉的意思是"旧人"。

基督纪元初期,莫果隆人学会了制陶,也许是从住在南方的族群处学习的。稍后,阿纳萨吉人向莫果隆人学习制陶。这两个族群的文化接触在他们的陶器中留下了印记,透露了这两个族群的传统,使我们能窥探他们对待变迁的心理和态度。

制陶可用陶轮,也可以用泥条盘绕成型,或将泥团打制成型。莫果隆人的泥条纤细,直径约四分之一至二分之一英寸;他们用罐底和篮底作依托,让泥条层层盘绕,将其捏制成型,逐渐做成碗和罐。一根泥条叠加在另一根泥条之上,倏忽之间连成一体。黏土未干前,捏制留下了印记,接下来的卵石打磨并不能完全抹去这些印痕。经过打磨的波纹呈酒窝状,这是莫果隆人陶器的特征。陶坯在氧化环境中焙烧,必然呈深红色。在大多数情况下,这种烧制法使陶器呈红色,因为美国西南部的泥土中总含有铁元素。莫果隆人的制陶法历时三四百

---

① 莫果隆人,新墨西哥州西南部的一群印第安人,鲜为人知,群体穴居,用板砧制造红棕色陶器。
② 阿纳萨吉人,犹他州的一群印第安人,穴居悬崖峭壁,可能是普韦布洛人的祖先。

年,几乎一成不变,直到公元 500—600 年与北方的阿纳萨吉人接触后,才略有变化。

阿纳萨吉人向莫果隆人学习制陶术的过程,现在则有可能对这一过程进行重构。显然,阿纳萨吉人观摩莫果隆人制陶的过程,但没有获得技术层次上的指导,可能是因为两个族群之间的语言障碍。当然,也可能是另一种情况:阿纳萨吉男人看见北方的莫果隆女人制陶,回到家乡向妻子和女儿报告观摩的心得。我们之所以断定这里没有传授的过程,那是因为阿纳萨吉人的陶器不是红色,而是灰色,说明它们是在无氧的还原气氛中烧制灰陶的。看来,阿纳萨吉人以为,灰陶是由于自己的技术错误造成的,因为他们四处寻觅红色黏土,将其磨成粉,涂抹在灰色陶器上。在他们心目中,漂亮的陶罐应该是红色的。经过几百年的风霜,这些陶器表面的凹痕处还残存着红粉。灰陶烧制好后,阿纳萨吉人才用未经烧制的红粉给灰陶上色;所以,他们的"红陶"是不能打磨抛光的。相反,莫果隆人的红陶都经过打磨。

到公元 800—900 年,这两个民族的关系比以前更紧密,他们之间有了传授和学习的互动,至少阿纳萨吉人在模仿莫果隆人制陶时上升到了技术性文化层次。他们在氧化环境中大规模制陶,先打磨抛光然后才烧制红陶。有趣的是,学会烧制红陶以后,他们并没有放弃烧制灰陶的老工艺,而是两种工艺并用,长达数百年。同时,他们又学会了烧制不着色的收颈罐,这是他们的南方邻居莫果隆人的陶器的典型特征。为了做这种器皿,颈部的泥条既要不露痕迹,又要以特别的方式打磨。和莫果隆人不同,阿纳萨吉人不打磨泥条接合部的痕迹,也不打磨收紧的罐颈;他们发现,保留过去的制作步骤是可能的。他们认为,手捏泥条的印痕有装饰价值。起初,他们不用陶罐烹饪,所以不觉得有理由抹平、打磨,觉得那是多此一举。有些罐子做工粗糙,给人不打磨的印象。然而不久,他们的泥条盘绕成型法就发展成为一种艺术:手捏的印纹丰富多变,形成了类似条编篮子的图案。这个例子和许多同类的例子表明,一种工艺摆脱传统(显形文化),越过文化边界,成了技术性层次的文化。

考古学家清楚地看到,传统在这两个民族的制陶术里起作用;还清楚地看到,阿纳萨吉人在隐形文化层面的适应过程长期存在,即使在他们学会烧制永不褪色的红陶以后,他们还继续在已经烧制好的灰陶上涂红色泥粉来生产假性的"红陶"。泥条盘绕制陶术本身也经过了一个隐形文化层面的适应过程,稍后上升到技术性文化层面,最后才成为西南部制陶术的一个传统。阿纳萨吉人烧制灰陶和红陶的两种技术也经历了三阶段的变迁过程。起初,烧制红陶的技术引进时,尚处在隐形文化阶段,稍后上升到技术性文化层面,最后才进入显形文化系统;整个适应过程持续了几百年。

研究这个变迁最重要的意义在于,它可以用来检验有关西南部文化史的种种理论。莫果隆人是阿纳萨吉人的一支,还是另一个民族、另一种文化?有一段时间,围绕这个问题的理论众说纷纭。一方面,两种文化似乎有共同的特质。另一方面,它们各有独特的制陶、盖房、打制石器的工艺。然而,如果我们观察制陶术实际的迁移过程,将其看作变革的动态过程,那么毫无疑问,虽然阿纳萨吉人向莫果隆人学习制陶术,但这两个民族、两种文化是截然不同的。莫果隆人拥有独特的传统,他们与阿纳萨吉人的接触零零星星、时断时续。有鉴于此,很难说这两个民族拥有相同的文化。

参考文献

Bello, Francis, "The Information Theory," *Fortune*, December 1953

Benedict, Ruth, *The Chrysanthemum and the Sword*. Boston: Houghton Mifflin, 1946

——*Patterns of Culture*. Boston: Houghton Mifflin Company, 1934/1946

Dobzhansky, Theodosius, "The Genetic Basis of Evolution," *Scientific American*, January 1950

Du Bois, Cora, *The People of Alor*. Minneapolis: University of Minnesota Press, 1944

Fortes, Meyer, "Time and Social Structure, An Ashanti Case Study," *Social Structure: Studies Presented to A. R. Radcliffe-Brown*. Oxford, 1949

Fortune, "Those Incompatible Screw Threads," *Fortune*, December 1948

Freud, Sigmund, *New Introductory Lectures on Psychoanalysis*. New York: Norton, 1923

Gillin, John, *The Ways of Men*. New York: Appleton-Century-Crofts, 1948

Junod, Henri, Alexandre, *The Life of A South African Tribe*. London: D. Nutt, 1912—13

Kardner, Abraham, *The Psychological Frontiers of Society*. New York: Columbia University Press, 1945

Kluckhohn, Clyde, *Mirror For Man*. New York: McGraw-Hill, 1949

Kroeber, A. L., and Kluckhohn, Clyde, *Culture: A Critical Review of Concepts and Definitions*. Cambridge: Papers of the Peabody Museum, Vol. XLVII, No. 1, 1952

Leighton, Alexander H., *The Governing of Men*. Princeton: Princeton University Press, 1945

Linton, Ralph, *The Cultural Background of Personality*. New York: Appleton-Century-Crofts, 1945

—— *The Study of Man*. New York: Appleton-Century, 1936

Lorenz, Konrad, Z., *Man Meets Dog*. Cambridge: Houghton Mifflin, 1955

MacLean, Paul D., "Man And His Animal Brains." *Modern Medicine*, Vol. 95, 1965, p. 106

Malinowski, Bronislaw, *The Sexual Life of the Savages*. New York: Halcyon House, 1929

Marquand, J. P., *The Late Georae Apley*. Boston: Little, Brown, 1937

Marriott, Alice, *Maria: The Potter of San Ildefonso*. Norman: University of Oklahoma Press, 1948

Mead, Margaret, *New Lives for Old, Cultural Transformation*. (*Manus 1928—1953.*) New York: William Morrow, 1956

Pierce, John R., *Electrons, Waves and Messages*. Garden City: Hanover House, 1956

Radcliffe-Brown, A. R., "On Social Structure." *Journal of the Royal Anthropological Institute of Great Britain and Ireland*, Vol. 70, 1940

Riesman, David—in collaboration with Reuel Denney and Nathan Glazer, *The Lonely Crowd*. New Haven: Yale University Press, 1950

Sapir, Edward, *Selected Writings of Edward Sapir in Language, Culture and Personality*. Berkeley: University of California Press, 1949

Shannon, Claude, *A Mathematical Theory of Communication*. Urbana: University of Illinois, 1949

Sullivan, Harry Stack, *Conceptions of Modern Psychiatry*, 2nd edition. Washington: The William Alanson White Psychiatric Foundation, 1947

Tannous, Afif, "Extension Work Among the Arab Fellahin," *Applied Anthropology*, June 19

Trager, George L., "Language," *Encyclopaedia Britannica*, Vol. 13, 1956, p. 696

—— "Linguistics," *Encyclopaedia Britannica*, Vol. 14, 1956, p. 162

Trager, George L., and Smith, Henry Lee, Jr., *An Outline of English Structure*. Norman: Battenburg Press, 1951

Trilling, Lionel, *The Opposing Self*. New York: The Viking Press, 1955

Tylor, E. B., *Primitive Culture*, 7th edition. New York: Brentano, 1924

Useem, John, "Americans as Governors of Natives in the Pacific," *Journal of Social Issues*, August 1946

Whorf, Benjamin, Lee, *Language, Thought, and Reality*. New York: The Technology Press and John Wiley & Sons, 1956

—— "Linguistic Factors in the Terminology of Hopi Architecture," *International Journal of American Linguistics*, Vol. 19, No. 2, April 1953

—— "Science and Linguistics," *The Technology Review*, Vol. XLII, No. 6, April 1940

索引

(以下页码为原书页码,即本书边码)

affect, 情感 73—76

Afghanistan, 阿富汗 17, 18

Africa, 非洲 17, 84, 143

Alor, 阿洛尔人 119

American culture, 美国文化 21—22, 30—31, 34—35, 62, 71, 88—90, 103, 106, 107, 108, 117, 119, 122—23, 124, 184, 185; bargaining pattern, 议价模式 104, 124—26; concept of law, 法律观 80—83; dating, 男女约会 117—18; egalitarianism, 平均主义 54, 172; formal patterns, 显形模式 70, 71, 122—23; humor, 幽默 51; illness in, 弊端 53—54; learning, 学习 45—50, 67—68; manual labor, 体力劳动 41; order, 顺序,有序(律) 128—30, 172; polarity in thinking, 思维的两极化 62—3; ranking sets, 集合的等级(排位) 105—9, 172, 193—94; religion, 宗教 51, 74; space, 空间观念 159—61, 163—66, 170—80; status, 地位 40, 122, 172—73; technical competence, 技术能力 78; time, 时间观念 1—9, 16—17, 31, 32, 137—57

American Indians, 美洲印第安人 22—23, 31, 78—79, 100

Americans overseas, 海外美国人 xi—xii, 35—36, 41, 77, 83, 129, 148, 149, 161—63, 169—70; need for selection and training, 出国人员的遴选和培训 xi—xiv, 5—6, 25—27, 34—36, 83—84, 146—47; problems in：Afghanistan，美国人在阿富汗遇到的问题 17，18；England，在英国遇到的问题 171；France，在法国遇到的问题 171—72；Greece，在希腊遇到的问题 xii；Iran，在伊朗遇到的问题 17—19；Japan，在日本遇到的问题 42—43；Latin America，在拉丁美洲遇到的问题 4—7，41，42，170—80；Middle East，在中东遇到的问题 3—4，124—26；South Pacific，在南太平洋遇到的问题 3；Thailand，在泰国遇到的问题 50；Truk，在特鲁克岛遇到的问题 14—16

analysis of culture，文化分析 27—29，33—58，186—94

Anasazi，阿纳萨吉人 199—202

anthropologists，人类学家 20—27，29，46，61，62，100，101，117

Arabs，阿拉伯人 xiv，26，50，53，77，83，103—4，107，117—18，124—26，144，148，150，154，164，184，193—94

architecture，建筑 132—149，169—70

art，艺术 133—36

association，交往，组合 37—40

Aswan Dam，阿斯旺大坝 126

Austrians，奥地利人 123

awareness，知觉，意识 25，28，71—73，184；formal，显形意识 70—71；informal，隐形意识 71—72；Sullivan's concept，沙利文的意识观 60—61，62；technical，技术性意识 72—73

Aztecs，阿兹特克人 79

Bach, Beethoven, Brahms，巴赫、贝多芬和勃拉姆斯 183

bargaining patterns，议价模式 103—4，124—26

Batt, William L.，威廉·巴特 197—98

Benedict, Ruth，鲁丝·本尼迪克特 26

Bio-basic culture，生物学基础文化 36

bisexuality，两性 37，41—44，184—85

Black Mass，黑弥撒 128

Boas, Franz，弗兰兹·博厄斯 107

Bohannon, Paul，保罗·博汉南 16

Catholicism，天主教 74

change, examples of，变革，变革例证 195—202；in the formal，显形变革 78—81；in the informal，隐形变革 80—82；in the technical，技术性变革 83—87；introduction of，变革的引进 93；process of，变革过程 88—93，195—202；theory of，变革理论 28

Chapman, Kenneth，肯尼斯·查普曼 85—86

Chinese，中国人，汉语 53，54，74

chunefatch,（特鲁克人独木舟上的）木刻 168
color, 颜色 108
Comanche, 科曼切人 185
communication, 交流,交际,通讯 27—29, 94—101; as culture, 作为文化的交流 27—30, 94—101, 181—84, 186; information theory, 信息论 94—95; non-verbal, 非语言交流 xii, 33, 95—96; out-of-awareness, "超乎知觉"的交流 29; systems, 交流系统 97; using space, 使用空间的交流 175—80; using time, 使用时间的交流 1—19, 137—57
congruence, 和谐, 协调, 一致 128, 131—36
cultural indeterminacy, "文化的测不准原理" 111, 187
cultural relativity, 文化相对论（原理）118, 187
culture, xiv, 文化 20—32; 181—87; analogy to music, 与音乐的相似性 xiii, 183—84; analysis, 文化分析 27—29, 36—58, 186—194; as communication, 作为交流的文化,将文化视为交流 27—29, 32, 94—101, 181—84, 186; beginning of, 文化之滥觞 56; binding force, 文化的约束力 25, 29—30, 117—18, 120, 131, 134, 182; biological base, 文化的生物学基础 27—28; 36—37, 65, 186; building blocks, 文化积木块 20, 25, 27, 37, 38, 96, 100—1; complexity, 文化的复杂性 57—58, 186—87; concept, 文化观念 20—21, 43; criteria, 文化标准 37—38; diffusion, 文化扩散 194; indeterminacy, 文化的测不准原理 111, 187; language of, 文化语言 19, 32, 97; learning about, 文化学习 29—32, 36—37, 166—69; materials, 器物文化 55—56; microculture, 微观文化 187; pre-culture, 前文化 56; proto-culture, 原文化 56; relativity, 文化相对论 118, 187; resistance to concept, 对文化观念的抗拒 43, 181; source of stability for man, 文化是人生稳定的源头 182—83; teaching, 文化教学,文化传授 25—27, 36—37; theory, 文化理论 19, 25, 27, 28, 36, 61; three levels of, 文化的三层次分析 28, 59—93, 100, 187; two levels of, 文化的两层次分析 62
culture shock, 文化冲击,文化震撼 170

Darwin, Charles, 查尔斯·达尔文 91
Darrow, Clarence, 克洛伦斯·达罗 73
defense, 防卫 38, 51—55
dissociation, 分裂,分离 60—61, 62

Dobzhansky, Theodosius, 西奥多·多布赞斯基 88, 93

Dogpatch, (漫画中的小山村) 道格帕奇 164

Doyle, Sir Arthur Conan, 柯南道尔爵士 33

Du Bois, Cora, 柯拉·杜布瓦 119

education, 教育 45—50, 67—71, 126, 127, 182

Egypt, 埃及 125, 141

Einstein, Albert, 阿尔伯特·爱因斯坦 93

England, 英格兰 72, 87, 130, 171, 172, 196—98

English language, 英语 76, 96, 98, 106—7, 113—15, 127—29, 195—96; Old English, 古英语 129

Eskimo, 因纽特人 104—5, 107

Evans, John, 约翰·伊文思 78—79

exploitation, 开发, 利用 38, 55—58

family, 家庭 118

Far East, 远东 51

first naming, 直呼对方名字 69

Foreign Service of the U. S., 美国外事部门 22—23, 25—26, 148

formal, informal, technical triad, 显形的、隐形的和技术性的文化三层次 28, 59—93, 100, 138—39, 186, 195

formal cultural systems, 显形文化系统 63—68, 70—72, 73—74, 76—80, 90—93, 182, 183, 196, 197—98, 201

France, 法国 166, 171—72, 195—96

Freud, Sigmund, 西格蒙德·弗洛伊德 32, 59—62, 91

Fromm, Erich, 埃里克·弗洛姆 xiv

Germany, 德国 9, 123

Gillin, John, 约翰·吉林 46

Greece, 希腊 xiii

Haiti, 海地 53

Holmes, Sherlock, 夏洛克·福尔摩斯 33—34, 35

Hopi, 霍皮人 143, 169

Hubbell, Lorenzo, 洛伦佐·哈贝尔 11

implicit-explicit culture, 明晰—隐含文化 61—62

Indian Service of the U. S., 美国联邦印第安人事务局 22—23, 108

India, 印度 150, 173

Indonesian, 印度尼西亚人 84

informal cultural systems, 隐形文化系统 63—67, 68—69, 70, 71—72, 74—75, 80—82, 91—93, 201

information theory, 信息论 94

infra-culture, 基础文化 36, 188

interaction, 互动 37
introduction of v into English, 字母v引进英语 196
Iran, 伊朗 17—18, 42
isolates, 元素 27, 65, 97, 99, 110—15, 185, 187

Japanese, 日本人, 日语 16, 23, 26—27, 35, 40, 47, 48, 50, 53, 74, 77—78, 79, 105, 108—9, 121—23, 150, 174—75
Junod, Henri Alexandre, 亨利·亚历山大·朱诺德 17

Kenya, 肯尼亚 39
Kinsey, Alfred, 阿尔弗雷德·金赛 68
Kluckhohn, Clyde, 克莱德·克拉克洪 25, 61
Korean War, 朝鲜战争 54
Kroeber, A. L., 克罗伯 25

language, 语言 27, 37, 46, 98—101, 110—15, 118—21, 126—36, 169, 196; biology and evolution of, 语言的生物学基础和进化 56; learning, 语言学习 36, 47—48; relation to materials, 语言与器物的关系 56, 57
languages, Arabic, 阿拉伯语 106, 107; English, 英语 75, 96, 98, 106—7, 114—15, 126—29, 195—96; Latin, 拉丁语 129; French, 法语 127; Hopi, 霍皮语 169; Navajo, 纳瓦霍语 98; Parsi, 帕西语 18; Spanish, 西班牙语 114; Trukese, 特鲁克语 168
Latin America, 拉丁美洲 4—7, 41, 42, 50, 74, 80—82, 84, 90, 105, 170, 180
law, 法律, 规律 52, 73—74, 75, 80—83
learning, 学习 38, 45—50, 67—71, 126—30, 165—69, 182—83; as adaptive mechanism, 作为适应机制的学习 45, 46, 76; cross-cultural, 跨文化学习 102—3; drive, 学习的驱力 30; extended in time and space, 跨时空的学习 46; formal, 显形的学习 67—68, 70—71; in animals, 动物的学习 45—46; in children, 儿童的学习 48—50, 67, 75—76, 165—67, 182; informal, 隐形的学习 68—69, 71—72; technical, 技术性的学习 67, 68, 69—70; theory, 学习理论 46—48
Leighton, Alexander, 亚历山大·莱顿 77
Lerner, Daniel, 丹尼尔·勒纳 184
Liberia, 利比里亚 107
Lieberman, Philip, 菲利普·利伯曼 56

Lincoln's Gettysburg Address，林肯的葛底斯堡演说 132
Linton, Ralph，拉尔夫·林顿 xiv, 39, 62, 119
Lorenz, Konrad，康拉德·洛伦兹 39

Malinowski, Bronislaw，马林诺夫斯基 44
Manus，马努斯群岛 84—85
map of culture，文化地图 190—91
Maria，玛利亚 85—86
Marquand, J. P.，马昆德 71
Massie case，梅西案 74
McCarthy, Senator Joseph，麦卡锡参议员 183
Mead, Margaret，玛格丽特·米德 53, 84
medicine，医学，医药 52, 53, 66—67
metric system，米制，十进制 198
Mexico，墨西哥 6, 85
Middle East，中东 3—4, 53, 77, 103—4, 117—18, 124—26, 144, 148, 150, 153, 154, 164, 184, 193—94
Missionary Moses，传教士摩西 15
Mogollon，莫果隆人 198—202
Mormons，摩门教徒 140, 157
Moses, Artie，阿蒂·摩西 16
Mossadegh，摩萨德 42
Murdock, George P.，默多克 90

music, analogy to culture，音乐，将文化比作乐谱 xiii, 183—84

Nasser，纳赛尔 126
Navajo，纳瓦霍人，纳瓦霍语 10—13, 16, 26, 53, 87, 98, 108, 150, 173, 199
neurosis，神经（官能）症 72
Newton, Sir Isaac，牛顿 91
Nigeria，尼日利亚 16
Nile，尼罗河 139
numbers，数字 108—9

order，秩序、顺序、有序（律）128—30, 142, 193
overt-covert culture，显性—隐性文化 61, 62

patterns，模式 97, 99, 101, 103—5, 107—8, 109, 110, 112, 114—15, 116—36, 184, 187; congruence, 模式和谐律 128, 131—36; definition, 模式的定义 116, 120—21; formal, 显形模式 122, 128; informal, 隐形模式 152; laws governing, 管束模式的规律 117, 128; order in, 模式的有序性 128—30; selection in, 模式的选择 130—31
Pavlov, Ivan，伊万·巴甫洛夫 161
peck order in chickens，鸡群的啄击顺

序 38—39

phoneme,音位 100—1,120

play,游戏 38,50—52,131,184

PMS(Primary Message Systems),基本讯息系统 29,37—58,184,188—194

Polish culture,波兰文化 172—73

pottery making,制陶 85—87,198—202

premarital chastity,婚前贞操 89—91

prisoners of war,战俘 53—55,79

psychiatry,心理治疗 59—62

psychoanalysis,心理分析 60,61,62,91,181

psychology,心理学 21,38—39,46,59—62,91,182—83

Pueblo Indians,普韦布洛印第安人 9—10,51,85—87,130,151,199

ranking,等级(排序)41,105,107—8,130,172,174,193—94

religion,宗教 52—53;Catholic,天主教 74;Christian,基督教 53;Moslem,穆斯林 53,173

Riesman, David,戴维·里斯曼 xiv

Russia,俄国

San Ildefonso,圣伊尔德丰索人 84—86

Sapir, Edward,爱德华·萨丕尔 47,61

science,科学 66,92,93,120

screw thread,螺纹 196—98

selection,选择,挑选 128,130—31

Sellers, William,威廉·塞勒斯 197

semantics,语义学 109

sets,集合 97—98,99,102—9,110,111,113,116 164,184,186—87;categorization,集合的分类法 107,111;classification,集合的分类 105—7;definition,集合的定义 102,109;ranking,集合的等级 105,107—9

sex,性 42—44,49,68,89—91,131

Sioux,苏族人 13,14

skiing,滑雪 63—64

social science,社会科学 22,27,67,91,97,186—87,192

South Asia,南亚 7—8,144

South Pacific,南太平洋 3,23,31,84

space,空间 28—29,44,158—80,184;communication using,利用空间的交流 2,175—80;cultural concept of America,美国人的空间文化观念 159—61,163—66,170—80;England,英格兰人的空间观念 171,172;France,法国人的空间观念 166,171,172;Hopi,霍皮人的空间观念 169;Japan,日本人的空间观念 174—75;Latin America,拉美人的空间观念 170,180;Middle

East，中东人的空间观念 164；Poland，波兰人的空间观念 172—73；distances，空间距离 177—80；formal，显形空间观念 173—74；informal，隐形空间观念 159—60，163，165；learning，空间观念的学习 165—68；problem in culture contact，关于空间的文化接触问题 161—63，170—73，175—77，180；technical，技术性空间 165

Spanish culture，西班牙文化 44，79，80—82，119，165

State Department，（美国）国务院 48

subsistence，生计，生存 37，40—41

Sullivan, Harry Stack，哈里·沙利文 60—61，62，133

superfix，上缀 127

Switzerland，瑞士 9

Tanala，塔纳拉人 119

Tannous, Afif，阿菲夫·坦努斯 77

Taos，陶斯印第安人 78—79

technical assistance programs，技术援助计划 24，25，26，29，83—84，170

technical cultural systems，技术性文化系统 65，66，69—71，75—76，83—87，91，93，184，195，198—202

territoriality，领地（欲）29，36，37，43—44，158—61；in birds and animals，鸟类和动物的领地欲 44，158—59；in man，人的领地（欲）44，160，161，170—71

Thai，傣语 50

Thonga，桑加人 17

time，时间 1—19，28—29，137—57，184；activity，活动时间 149—51，152；as conceived in Afghanistan，阿富汗人的时间 17，18；America，美国时间 1—9，17，30，32，137—57；Germany，德国时间 9；Greece，希腊时间 xi—xii；Hopi，霍皮人的时间 143；India，印度时间 150；Iran，伊朗时间 17—19；Latin America，拉丁美洲时间 4—5；Middle East，中东时间 3—4，144，148，150，153，154；Mormon culture，摩门教文化的时间 140，157；Navajo，纳瓦霍人的时间 10—11，12—13，16，150；Pacific Northwest，西北太平洋时间 140—41；Pueblo，普韦布洛人的时间 9，151；Sioux，苏族人的时间 13—14；South Asia，南亚时间 7—8，144；Switzerland，瑞士时间 9；Tiv，蒂夫人的时间 16；Thonga，桑加人的时间 16；Truk，特鲁克人的时间 14—16，150；characteristics，时间特征 142—44，149—52；cyclicity，时间的周期性 142；

depth，时间的深度 142，144；diffused-displaced points，时间的散点和位移点 154—57；formal, informal, technical triad，显形、隐形和技术性的时间三分法 62—63，138—40；formal，显形的时间 137—44；importance of parts of day，一日之内不同时段的不同意义 2—3；informal，隐形时间 145—57；lead time，预留时间 4；monochronism，一元时间 149，150，152；order，时间顺序 142；promptness，迅捷性 8；sets, isolates, patterns，时间的集合、元素和模式 145—57；synthesisity，时间的综合性 142，144；tangibility，时间的实在性 142；teaching，时间观念教学 138—39；technical time，技术时间 138，139；use of to reveal hidden attitudes，时间的使用对揭示隐蔽态度的作用 2，3，31；urgency，时间元素的紧迫性 149—50，152；variety，时间元素的多样性 149，150—51，152；valuation，时间元素的价值性 142

Tiv，蒂夫人 16

tone of voice，语气 67，72

Toynbee, Arnold，阿诺德·汤因比 97

Trager, George L.，乔治·特雷格 xi-ii，27，32，36，63，99，127，128，188

training for work in foreign cultures，外国文化里工作能力的培训 xi—xiv，5—6，25—27，35，83—84，147—48

Trilling, Lionel，莱昂内尔·特里林 182

Trobriand Islands，特罗布里恩群岛 44，106，108

Truk，特鲁克 14—16，49—50，150，168—69

Turks，土耳其人 54—55，184

Tylor, E. B.，爱德华·泰勒 20

Uman，乌曼 15，16

uncertainty principle，测不准原理 111

unconscious, concept of，无意识观念 20—21，59—63

United States Army，美国陆军 48，70，178—79

Useem, John，约翰·尤西姆 xiv，3

Venezuela，委内瑞拉 105

values，价值 105，152，174，184，194

variables，变数，变量 114

warm-bloodedness，恒温动物 45—46

Whitworth, Joseph，约瑟夫·怀特沃斯 197

work，工作 131，184

World War I，第一次世界大战 197

World War II, 第二次世界大战 70, 178; prisoners of war, 战俘 53—54, 79; use of anthropologists, 聘用人类学家 23, 48

Whoff, Benjamin, 本杰明·沃尔夫 118, 119—20

Zuñi, 祖尼人 71, 87

译者后记

二十余年后有幸重译《无声的语言》和《超越文化》,感慨万千。

《无声的语言》开辟了跨文化研究的新领域,构建了前无古人的文化理论,创建了崭新的文化分析方法论,纸短意长,举重若轻,但读者至今叫苦不迭。但愿我的序能成为解读他博大精深思想的钥匙。

《无声的语言》和《超越文化》成书的时间相隔10余年,这次重译,理应按照其问世顺序,先译《无声的语言》。只是因为《无声的语言》手稿遗失,而《超越文化》的旧译本仍在珍藏,所以就先译《超越文化》,后译《无声的语言》。但为了更好地吃透两本书,使之互相呼应,所以等到两本书都杀青以后才写序,且顺序为原书成书的顺序。

感谢周丽锦女士的精心策划和编辑。

何道宽
于深圳大学传媒与文化发展研究中心
2010年5月20日

译者介绍

何道宽，深圳大学英语及传播学教授，政府津贴专家，曾任中国跨文化交际研究会副会长，现任中国传播学会副理事长、深圳市翻译协会高级顾问，从事文化学、人类学、传播学研究20余年，著译逾1,100万字。著作有《中华文明撷要》(汉英双语版)、《创意导游》(英文版)。电视教学片有《实用英语语音》。译作逾40种，要者有：《思维的训练》《文化树》《超越文化》《理解媒介》《麦克卢汉精粹》《数字麦克卢汉：信息化新纪元指南》《交流的无奈：传播思想史》《麦克卢汉：媒介及信使》《思想无羁：技术时代的认识论》《传播的偏向》《帝国与传播》《手机：挡不住的呼唤》《真实空间：飞天梦解析》《麦克卢汉书简》《传播与社会影响》《新政治文化》《麦克卢汉如是说：理解我》《媒介环境学：思想沿革与多维视野》《技术垄断：文化向技术投降》《模仿律》《莱文森精粹》《游戏的人：文化中游戏成分的研究》《与社会学同游：人文主义的视角》《伊拉斯谟传：伊拉斯谟与宗教改革》《中世纪的秋天：14世纪和15世纪法国与荷兰的生活、思想与艺术》《口语文化与书面文化:词语的技术化》《传播学批判研究》《作为变革动因的印刷机:早期近代欧洲的历史》《重新思考文化政策》《17世纪的荷兰文明》《裸猿》《人类动物园》《亲密行为》《传播学概论》《无声的语言》《超越文化》等。长期在学术报刊上发表一系列专业论文,要者有《介绍一门新兴学科——跨文化的交际》《比较文化之我见》《文化在外语教学中的地位》《中国文化深层结构中崇"二"的心理定势》《试论中国人的隐私》《论美国文化的显著特征》《论非言语交际》《比较文化的新局面》《水向高处流》《媒介即是文化——麦克卢汉媒介思想述评》《麦克卢汉在中国》《和而不同息纷争》《媒介革命与学习革命》《多伦多传播学派的双星:伊尼斯与麦克卢汉》《天书能读:麦克卢汉的现代诠释》《麦克卢汉的学术转向》《我们为什么离不开纸媒体和深度阅读:从纸媒体阅读到超文本阅读》《异军突起的第三学派——媒介环境学评论之一》《媒介环境学辨析——媒介环境学评论之二》《媒介环境学的思想谱系——媒介环境学评论之三》《三代学人的薪火传承——媒介环境学评论之四》《媒介环境学派的理论命题、源流与阐释——媒介环境学评论之五》《游戏、文化和文化史——〈游戏的人〉给当代学者的启示》《破解史诗和口头传统之谜:〈口语文化与书面文化〉评析》等。